房地产渠道营销一本通

唐安蔚　编著

特约编委　程仲良　常　骋　高　翔

中国建筑工业出版社

图书在版编目（CIP）数据

房地产渠道营销一本通／唐安蔚编著．—北京：中国建筑工业出版社，2017.11（2021.11重印）

ISBN 978 - 7 - 112 - 21204 - 0

Ⅰ．①房… Ⅱ．①唐… Ⅲ．①房地产市场－市场营销学 Ⅳ．①F293.35

中国版本图书馆CIP数据核字（2017）第221613号

中国房地产市场经历了快速去库存通道之后，脚步逐渐放缓，楼市进入全面调整期。一二线城市进入"轻豪宅"时代，三四线城市快速进入"改善"时代，房地产营销模式的升级势在必行。而作为房地产营销的主旋律——渠道营销，正在发挥着越来越重要的作用，越来越多的地产人开始重视渠道营销的研究。

房地产渠道营销门槛很低，招数较少，但是要想将这一营销模式运用到极致并发挥效能，必须要苦练内功，将每一个招数分解，力求精准地渗透到目标客群中去。本书正是基于对房地产渠道营销内功的思考撰写而成，是《房地产渠道管理一本通》的升级版。本书适合从事房地产行业的营销管理人员、策划管理人员和渠道从业人员阅读。

责任编辑：封　毅　毕凤鸣
责任校对：李欣慰　李美娜

房地产渠道营销一本通

唐安蔚　编著

特约编委　程仲良　常　骋　高　翔

*

中国建筑工业出版社出版、发行（北京海淀三里河路9号）

各地新华书店、建筑书店经销

北京锋尚制版有限公司制版

北京建筑工业印刷厂印刷

*

开本：787×960毫米　1/16　印张：13½　字数：230千字

2017年9月第一版　　2021年11月第七次印刷

定价：**49.00元**

ISBN 978 - 7 - 112 - 21204 - 0

（30837）

序 一

SEQUENCE 1

近年来中国房地产领域的互联网创新如火如荼，各种新鲜带客方式层出不穷，呈一派欣欣向荣之势，有类似共享经济模式的全民营销、有跨界式的资源嫁接与整合、有自建行销体系的行销拓客、有以互联网为工具的新型中介分销……

外场聚客生态的繁荣，带客渠道的极大丰富，未来房企所面临的将不再是选择的匮乏，而是选择太多挑花了眼，多渠道并行的组合策略将成为常态。

渠道数量和类型的繁多，对渠道管理能力的要求也随之增加。一方面，需要对渠道进行规范化运作，通过统一的平台实现多渠道的灵活接入。另一方面，需要根据每种渠道带客单价成本和成交转化进行综合效果评估，优胜劣汰，精选高性价的合作渠道。

多渠道对客户资源的争夺加剧，"带客单价"持续走高，渠道与项目案场的博弈，只有在提升成交转化平衡，因为本质上渠道和项目的利益高度一致的，渠道是通过客户成交才能拿到佣金，所以更愿意带客到成交转化能力高案场；同样，项目案场也希望渠道所带客户都是精准高质量的，两者的利益共同，二者相互促进，形成良性的提升。

房地产渠道未来的发展方向将由单纯地注重"量"变为"质"和"量"的双维度提升，渠道通过提高转化获得高佣金甚至愿意降低"带客单价"，项目通过高成交获得更好的业绩，最终实现双赢，形成一种良性循环的渠道生态。

如何提高渠道的"质"？将是房企未来面临的主要问题，随着移动互联网在房地产营销领域的深度应用，大数据逐渐成为地产营销的决策基础，未来渠道和项目都可以通过大数据实现双向择优，走入良性循环。

房地产行业经过多年的高速发展，渠道营销形成了一套标准打法，但各大房企的渠道营销又各具特色，本书博采众长，以通俗流畅的语言结合多家知名房企的56个渠道营销实战案例，从渠道制度、渠道组织、拓客地图、线下线上拓客实战、渠道管控全方位梳理了渠道营销的技法，是作者多年来渠道营销实战经验的高度总结，是一本干货满满接地气的渠道营销实战参考手册。

未来的渠道战争将不再是单兵作战，活数据会为渠道管理赋能，犹如航空母舰对于每个美国大兵提供的平台支持，渠道管理平台通过实时获取数据，实时分析数据，并实时反馈，为置业顾问和行销人员提供更精准的客户洞察和方向指引。

随着整个房地产行业的成熟，新客资源争夺将愈演愈烈，未来房企将更多从已有的"存量"客户中去挖掘"增量"客户，也就是把到访当作高价值资产经营起来，通过到访客户的社交传播和圈层拓展源源不断地带来新客户，形成一种自动良性运转的可持续渠道生态系统。

明源地产研究院院长、明源云客CEO　　姚武

2017年6月于深圳

序 二
SEQUENCE 2

　　"两岸猿声啼不住，轻舟已过万重山"，这句话应该比较能够形容近两年的房地产市场，中央、地方各级政府的调控政策接踵而至，虽然调控目的以及手段各不相同，各地市场反应也各不相同，但是房价并没有实质性的回落，相反一些主要的一二线城市都已经早早进入了高房价时代。

　　房价在短时间内暴涨，各房企也不得不逐渐从原有的"高周转、快流通"的开发模式向"精工细作、向品质要溢价"的方式转变；而老百姓的可支配财富并没有随着房价同比例的增长，也迫使房地产营销从原有的"高举高打、大开大合"的方式向"重渠道，更精准"的手段改变；从之前屡见不鲜的"开盘必清盘"的皆大欢喜，到不得不做好"持久战、攻坚战"的准备。在这一背景下，房地产营销工作该做出如何的改变，是摆在我们从业人员面前的一道新课题。

　　听闻唐安蔚先生拨冗执笔《房地产渠道管理一本通》的2.0版本，甚是欣慰鼓舞。唐先生有着14年的房地产从业经验，见证了这个行业从"黄金"时代向"白银"时代的转变，不仅对宏观形势有着清晰的认知，而且可贵的是能将一个项目的整体营销思路落到实处，变成行之有效的执行方法、管理方法，无论是从线上推广到线下拓客，从外场执行细则到内场业务反馈，都有着非常精细缜密的研究。2015年出版的第一版，已是众多同行朋友的好工具、好帮手，而从2015年至今，房地产形势已经发生了重大的变化，唐先生的2.0版本此时面世，可谓恰逢其时，相信一定能成为同行朋友的工作新利器，也为新进入这个行业的朋友们答疑解惑。

品源机构CEO　　黄晶

2017年6月于苏州

目 录
CONTENTS

渠道制度心法

心法一：如何建立一套严谨且灵活的渠道发展体系？ 002

心法二：如何处理渠道与销售之间纷繁的竞争关系？ 011

心法三：如何提高渠道人员的积极性，但同时做好有效激励工作？ 019

渠道战前心法

心法四：如何绘制一张简单有效且可执行的客户地图？ 028

经纪人激励心法

心法五：如何有效提高中介经纪人的带客积极性？ 034

心法六：如何让编外经纪人成为带客、成交的利器？ 043

资源合作心法

心法七：如何让优质资源方把最好的资源给你？ 052

心法八：如何巧妙借助资源方以较低成本带来更大的效益？ 058

线下拓客心法

    心法九：如何包装出一份客户愿意阅读甚至珍藏的海报？ 066

    心法十：如何让每一张海报精准地送达客户手里？ 073

    心法十一：如何让电话营销尽可能多地带来客户并且成交？ 078

    心法十二：如何让客户愿意参加私宴且促进成交？ 085

    心法十三：如何规划出高效的拜访客户行动方案？ 092

线上拓客心法

    心法十四：如何让微信和朋友圈成为有效的拓客工具？ 100

    心法十五：如何通过互联网思维开辟宽广的渠道拓展模式？ 109

圈层营销心法

    心法十六：如何走进圈层？如何创造新的圈层？ 116

    心法十七：如何让虚无缥缈的圈层产生巨大的购买力？ 123

活动拓客心法

    心法十八：如何挖掘看似简单的"暖场活动"暗藏的购买力？ 132

心法十九：如何通过一场大型活动带来更加精准的客户？ 136

心法二十：如何打造一场低成本、高关注度、品质高的造势活动？ 143

外部拓客心法

心法二十一：如何发挥外部巡展点的销售效能？ 152

心法二十二：如何低成本、高规格地开展异地拓客工作？ 159

特殊项目拓客心法

心法二十三：如何为远郊项目源源不断地输送客户？ 170

心法二十四：如何提升豪宅项目的拓客手法？ 175

心法二十五：如何为商业项目导入更加精准的客户？ 181

渠道管控心法

心法二十六：如何通过资源分配、发挥个性等方式设计集团化渠道工作？ 188

心法二十七：如何通过数据分析及时有效地为拓客工作指导方向？ 196

后记

作者的话
THE AUTHOR'S WORDS

　　2015年10月，我怀着忐忑的心情出版了中国第一部房地产渠道研究专著《房地产渠道管理一本通》，没想到上市之后竟引起了广大读者的好评，截至2017年5月，该书竟然重印了五次，这样的成绩是让我始料未及的，在此向读者们表示真诚的感谢！

　　说实话，两年之后自己再翻阅《房地产渠道管理一本通》，我觉得其内容并不尽如人意，因为这本书讲述更多的是房地产渠道的管理方式和战术，比较注重外在的"花拳绣腿"，有些问题并没有深入阐述。

　　于是，在读者和出版社老师的鼓励下，诞生了其姊妹篇《房地产渠道营销一本通》！

　　这本书和《房地产渠道管理一本通》有很大不同，其内容虽没有体系化的编排，但这些内容是我和近一千名读者接触后他们反馈的焦点和难点，共计27个关注点，经过我深入研究之后历经半年写成此书！

　　写这本书时并不轻松，毕竟房地产渠道营销招数很少且没有章法可循，要想写得深刻更需要大量的素材和调查研究，虽然不知道这本书能否取得之前的辉煌，但毕竟我至少从三个方面进行了悉心处理：

　　第一，我深知大家工作繁忙，能读书已属不易，因此我尽量不写废话，不故作高深，尽量用通俗的语言把问题讲清楚；

　　第二，我深知大家不喜欢看枯燥的理论知识，因此我尽量做到"只写干货"，择取了大量的、真实的实战案例在书里，此书一共详细记载了58个案例，供大家参阅；

第三，我深知大家对渠道的"花拳绣腿"已经熟记在心，因此这本书我尽量强调"渠道内功"，强调实战效果，《房地产渠道管理一本通》里的内容在这本书里不再重复讲述，如果大家有兴趣研究，可以两本书一起阅读，效果更佳！

在这本书创作的过程中，得到了很多专业人士的帮助：感谢重庆明源的张毅先生、重庆金茂地产的刘立民先生、重庆万科的游泳先生，他们非常热心地为本书提供案例；感谢明源地产研究院院长姚武先生，他在百忙之中为本书作序；感谢中国建筑工业出版社的封毅老师和毕凤鸣女士，在她们的关怀下这两本书才得以顺利出版发行！

更重要的是，感谢你们——我的读者们，谢谢你们一如既往地支持和信赖，我能够做到的唯有将创作坚持下去，为大家呈现更多、更实用的战例！

最后，衷心祝愿大家在房地产新形势之下取得更大的辉煌，如果这本书能够对大家有些许的帮助，我将倍感荣光；如果没有，还请见谅，我将继续深化实战与理论内功，力求后期能够创作出让大家满意的作品！

唐安蔚

2017年6月 于上海

渠道制度心法

自从渠道营销开始"称霸"房地产界，渠道制度的不断完善便成为每一家房企的头等大事。渠道工作讲究的是实效性和灵活性，制度过紧，错失拓客时机；制度过松，散漫之风盛行。世上没有十全十美的制度，多家房企的渠道制度依然在摸索阶段，但不管怎么完善，渠道的制度必须要遵循三大原则：严谨、灵活和激励！

1

心法一：
如何建立一套严谨且灵活的渠道发展体系？

在房地产营销界，渠道营销能够成为体系的只有三派：恒大集团的人海战术派、碧桂园集团的多级展厅派以及融创地产的灵活机动派。

市面上其他的战略战术大多出自以上三派，有的小打小闹，有的生搬硬套，有的优化设计，有的三者结合，结果成了"四不像"，其结果可想而知。

世界上没有一种"打法"是可以完全复制的，任何一种战略战术的制定基调都与"目标"和"土壤"有关，"目标"指的是集团或公司对项目寄予的期望，通俗地说就是"销售目标"；"土壤"指的是企业文化，在企业文化中对渠道团队起决定性作用的是"授权"。这也是很多从以上三家企业跳槽出来的营销总监们复制以往的"成功模式"但纷纷败北的核心原因。

基于以上的思考，我们可以得出一个相对正确的结论：如果您不在上述三家企业工作，融创地产灵活机动的渠道模式不妨深入研究。

灵活机动？没有错！融创的渠道模式成功在于"没有固定模式"，这也可以解释为什么业内流传着众多渠道部的组织架构，但唯独缺少融创。在融创，几乎每一个项目的组织架构都不一样，工作方式方法变化多端，渠道的制度也不尽相同，其渠道发展体系确实做到了"严谨且灵活"。

一套完整的渠道体系包括但不限于六个模块：基础行为制度、培训制度、会议及反馈制度、客户报备及业绩认定制度、业绩考核制度和奖赏制度。每一项制度有其严谨性，但更要注重灵活性，正如一支作战能力卓越的野战军，军容军纪固然重要，但打胜仗更加重要，这需要指挥官打破故步自封、墨守成规的禁锢，灵活地面对所有情况。

为了制定有效的渠道管理体系，首先我们要搞清楚渠道管理者在实际工作过程中遇到的管理困惑。从笔者多年的渠道管理经验中发现大多数渠道管理者存在着五大困惑（如图1-1所示）：组织架构混乱、内场与外场客户认定混乱、渠道人员的激励手法混乱、拓客效率低下和客户有效性的甄别。

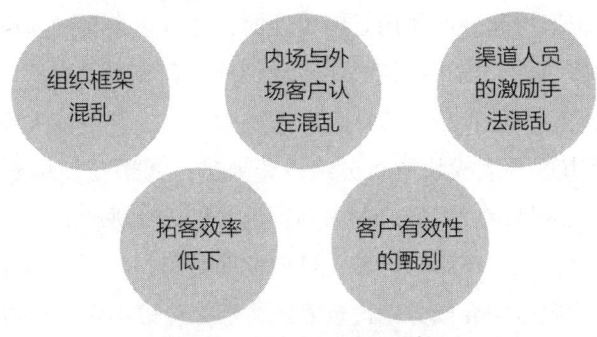

图1-1 渠道管理者的五大困惑

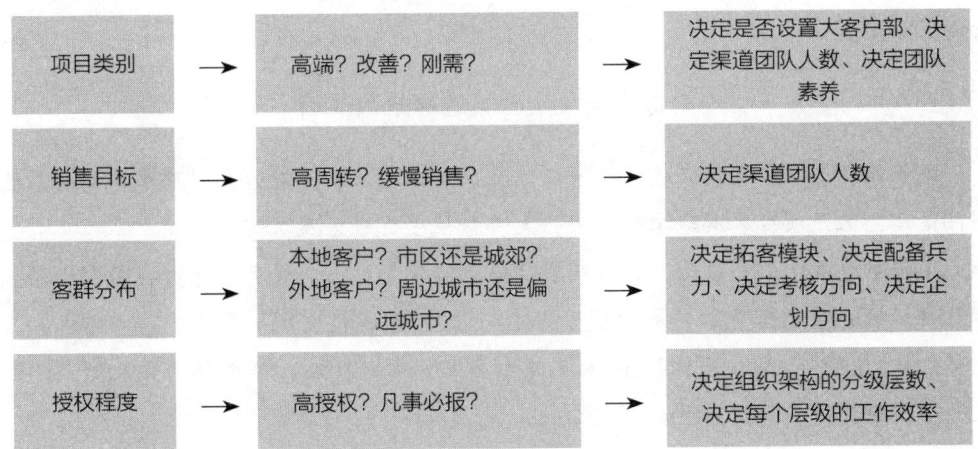

图1-2 渠道部组织架构的四大心法

这五大困惑中，关于内外场的客户认定以及提升渠道人员的积极性问题我们会在"心法二"和"心法三"中专题阐述，本节我们重点讲述其他三个困惑的解决心法。

1. 组织架构的解决心法

上文我们提到，恒大集团和碧桂园集团的组织架构在每个城市、每个项目中基本类似，而融创的管理体系相对就比较灵活了，其秘诀在于四大心法（如图1-2所示）：

在上图中，客群分布与授权程度是我们在设置组织架构时的重中之重，如果公司对每个级别授权较少，那么级别不宜过多，否则影响决策效率，如果公司是高授权，可以考虑多设几个级别，但要注意两点：一是要授权层层下移，二是要保持流畅的沟通。

客群分布对组织架构起到的作用是颠覆性的，这也正是我们强调"拓客之前要绘制客户地图"的主要目的，如果我们按照行业细分，我们可以根据金融系统、教育系统、医疗系统、政府与事业单位、部队及军事机构、工商联及各大商会、4S店及车友会、商场及大型超市这八大模块进行分组设置人员；如果我们按照地域细分，可以根据该城市每个行政区域或者房地产业内划定的"板块"进行分组设置人员；如果客群相对比较单一，就在某一个特定区域，可以根据城镇、各个乡镇等进行分组设置人员；如果项目所在的城市中介或分销比较发达，那么可以根据中介或分销门店的所在区域及数量进行分组设置人员……这正是渠道制度的"灵活性"精华所在！

渠道分组案例一：

江苏常州某项目渠道部组织架构

该项目位于江苏常州武进区，项目体量巨大，定位中高端，公司要求年销售额达到10亿元，但是项目客群地缘性极强，大部分位于武进区及其周边乡镇。

2012年该项目正式启动，公司及项目缺乏品牌支撑，同时为了完成公司制定的销售目标，项目营销负责人首先组建了一支约120人的营销团队，其中销售部12人，策划部6人，销管部4人，外拓约100人（其中大客户部约10人，渠道部约90人），这100人的组织架构（如图1-3所示）。

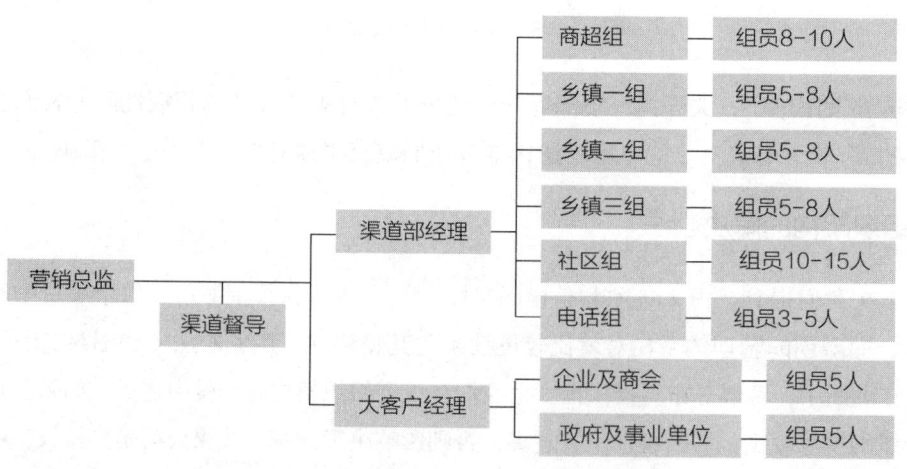

图1-3　江苏常州某项目渠道部组织架构

这样的组织架构是完全按照客群的分布进行设置的，每一个组别职能明晰、分工明确，相对比较扁平化的设置让拓客效率大大增强，最为关键的是，这样的设置让每一位拓客人员可以深挖"乡镇客群"，避免了拓客方向的缺失。

渠道分组案例二：

江苏苏州某项目渠道部组织架构

苏州紧邻上海，中介行业非常发达，中介的带看与成交已经成为苏州房地产成交市场中不可或缺的重要模块。该项目地理位置卓越，定位高端，年销售额8亿～10亿元，销售压力一般。根据这些特性，项目营销负责人只招聘了10名渠道人员，制定了更为扁平化的组织架构（如图1-4所示）。

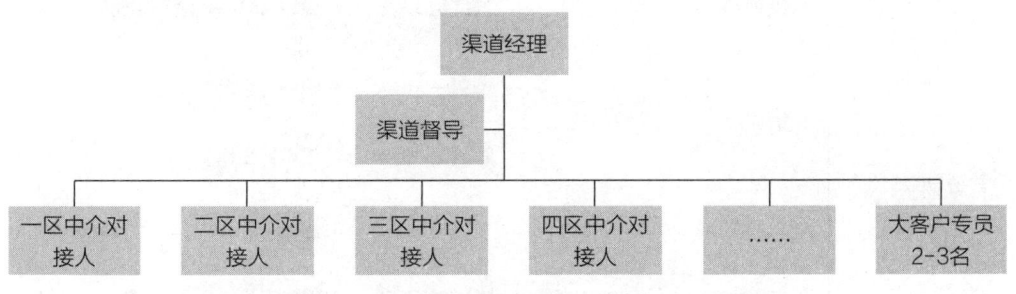

图1-4　江苏苏州某项目扁平化的渠道组织架构

这样的组织架构适用于营销模式相对简单的项目，但是看似简单的组织架构，蕴含着营销管理者的大智慧，每个区域设置一名中介对接人，可以培养拓客人员与中介人员的感情，"占地盘"的行为虽然不可取，但可以让拓客人员最大限度地维护自身利益，在管理上相对简单高效。如果某一位对接人产生了懈怠情绪，可以通过"划定最低来访指标和成交指标"来解决，如果没有完成指标，那么该区域的中介资源划归他人。

渠道分组案例三：

融创花桥项目营销部组织架构

2016年，融创地产在昆山花桥镇竞得一块楼面价约为18000元/m²的地块。花桥镇地处苏沪交界处，紧靠上海，有"江苏东大门，苏沪大陆桥"之称，交通发达便捷，312国道、沪宁高速公路、同三高速公路、京沪铁路、沪宁城际铁路、京沪高速铁路、上海轨道交通11号线穿境而过。花桥镇的地产项目几乎90%的客户来自于上海，为此融创苏州公司为这个项目量身定做了这样的组织架构（如图1-5所示）：

以上架构满员约为160人，值得说明的是，由于他们的拓客方向大多在上海，因此他们成立了九个拓客小组，每位渠道经理负责三个组，驻扎在上海的不同区域，另外，每个小组的工作职能还根据客群的习惯进行细分，如有专门对地铁沿线的"游击小组"，还有专门联动上海中介和分销的小组，可谓"部署周密"，是恒大模式和碧桂园模式的结合体。

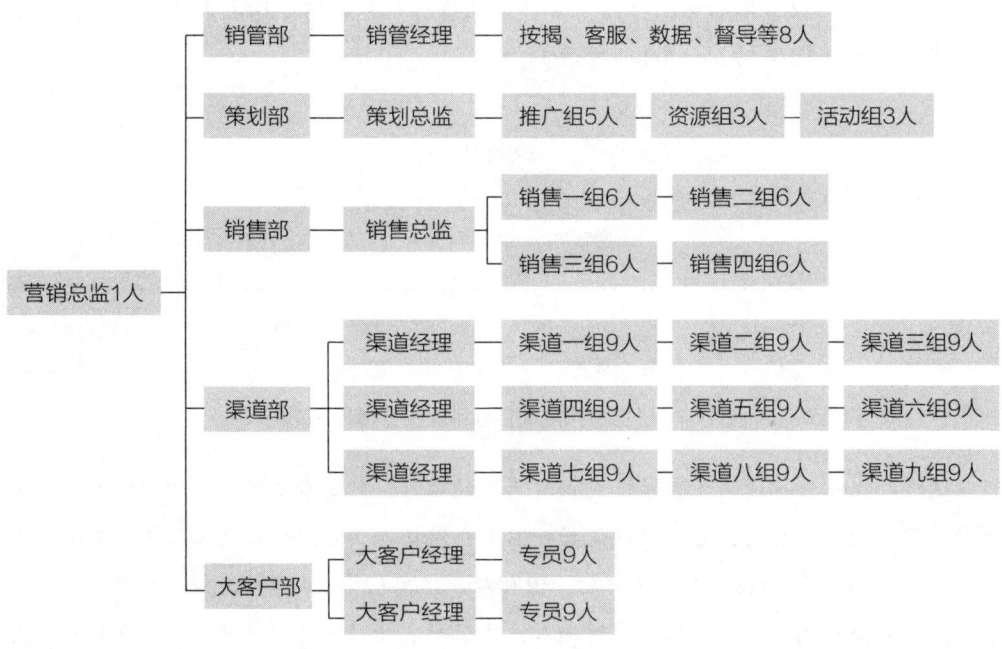

图1-5　融创花桥项目营销部组织架构

2. 拓客效率低下的解决心法

我们经常会听到一些渠道负责人抱怨：基本上所有的拓客手法都用遍了，但是来人量和成交量总是跟不上，真怀疑是不是拓客人员在偷懒！

偷懒也许是拓客效率低下的原因，但绝非主要原因。懒惰是人的天性，只是程度不同而已，我们在制定政策的时候就应该想到这一点。不过笔者极少听到来自恒大、碧桂园和融创三家企业的负责人抱怨下属偷懒，究其原因，是四个字在发挥作用：信念、制度！信念来源于企业文化和团队精神，而优秀的制度又可以造就信念，信念一旦在脑海里根深蒂固，任何制度也就形同虚设，所以，我们在制定渠道制度时切不可忽视信念的造就。

我们还是细细分析一下导致拓客效率低下的主要原因吧，我们认为主要有五个原因（如图1-6所示）：

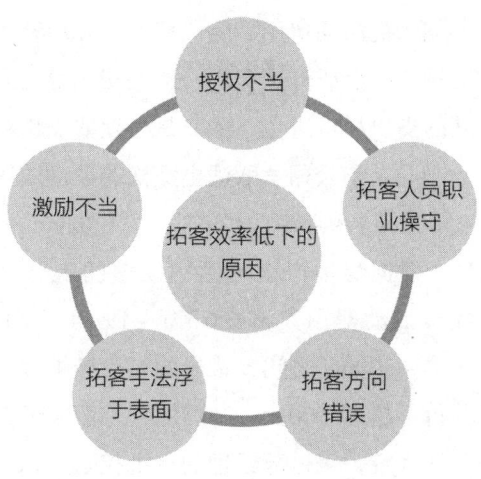

图1-6 拓客效率低下的五大原因

1）关于授权不当的破解心法

高效的授权机制可以为渠道工作带来事半功倍的奇效，但在很多企业中即便是营销高管，权限也不会很大，其实并不是老板们不愿意授权，而是他们还没有寻找到各级权限的有效监督机制。那么，如何解决授权不当的问题呢？我们提出如下四种方法（如图1-7所示）：

（1）严格控制每一阶段的营销总费用

营销费用的预算是每家公司财务部门要求必须要做的事情，营销负责人在制定该预算时要充分考虑每一个销售节点需要的费用，尤其要关注渠道部需要的费用，尤其

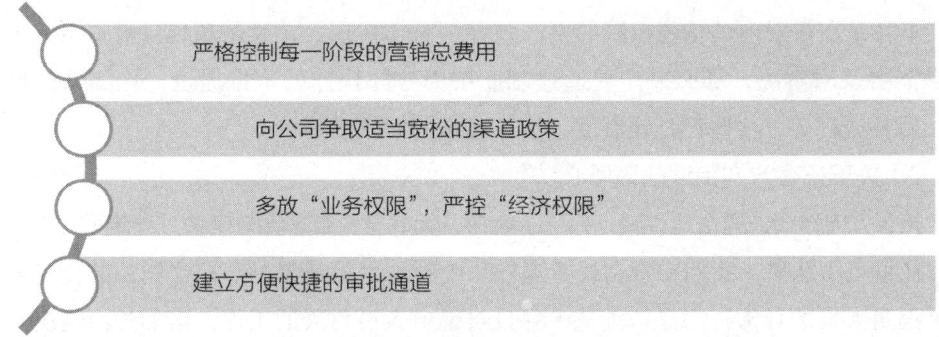

图1-7 关于授权不当的四大破解心法

不能忽视活动费用、公关费用、礼品费用、外拓人员的补贴、资源损耗费用、转介绍费用、中介或分销费用、巡展费用等，对于预算内的支出要尽量压缩成本，对于预算外的支出尽量避免，除非是必须要支出的费用，要按照公司财务流程进行层层审批。

（2）向公司争取适当宽松的渠道政策

兵马未动粮草先行，适当宽松的渠道政策是外拓人员可以开展拓客工作的必要保障！

根据房地产渠道营销发展的现状，我们可以得出这样粗糙的结论：一场资源嫁接活动费用大多在0.5万～1万元之间，一般不会超过2万元；正常的宴请大多在2000～5000元之间，普通的客户维护宴请一般在1000元左右；赠送给高端客户的礼品单价不超过1000元……因此，一般来说营销副总经理或营销总监的审批权限在2万～5万元为宜，渠道部经理的审批权限在1万元以内为宜，经理级以下不释放经济权限。

以上经济权限最好从公司制度层面予以解决，如果不能解决，至少可以让相关审批人有"先斩后奏"的权力。不过，权利与义务往往是对等的，公司赋予了你一定的权限，那么，做任何事情要掌握尺度，并且要将结果及时告知公司。

（3）多放"业务权限"，严控"经济权限"

在很多时候拓客人员外出工作时，经常会洽谈一些诸如合作类的事宜，也就是我们经常说的"资源嫁接"，其实类似的低成本甚至是零成本的合作应该将此权限下放，这样便于合作的快速开展。笔者曾经管理过很多渠道团队，一般对此情况都会让他们"撸起袖子抓紧干"，毕竟，这对于公司来说支出很少甚至为零，但事先要对他们的工作设置一个标准，大概什么样的资源可以与项目匹配，合作的底线在哪里，同时对于他们取得的资源进行严格审查。

（4）建立方便快捷的审批通道

不管是在权限内还是超权限的事，领导都有知情权，尤其是超越自身权限的事，如果需要及时解决，那么一定要通过制度层面建立快速的审批通道，比如微信群报备、后补流程等，这些都是让制度"活"起来的必须动作。

2）关于拓客方向错误的破解心法

拓客方向错误，通俗地说就是找错了客户，无效客户带来无效来访，导致成交惨淡。

在渠道团队里，我们常常会设置这样一个岗位：渠道督导。这个岗位的作用就是监督渠道人员的日常行为是否规范，并且对渠道人员每天的工作，诸如外出情况、拜访的客户情况、是否有带看、来访的客户情况、是否有成交、成交的客户情况、未成交的客户情况等进行统计与分析，并且将上述情况整理成日报、周报、月报上报给管理层，供管理层决策。

在很多渠道管理体系中，这一环节往往是缺失的，就算有了这些海量数据，普通的拓客人员是看不到的，导致拓客人员只知道一味地导客，只追求客户数量而忽视了客户质量，所以我们呼吁管理层一定要将这些数据下发渠道部的每一位员工，让大家做到有的放矢。

以下三类数据（如图1-8所示）对拓客方向有直接指导作用：

3）通过制度造就个人信念

在上文我们提到，信念比任何一种制度都有效，信念一旦形成，团队及个人就会变得尤为自律。在空谈"梦想"的时代，"梦想"才变得更加重要；在空谈"信念"的时代，"信念"才显得弥足珍贵！

信念不是口号，更不是心灵鸡汤，而是一种远期梦想，一种荣辱感，一种职业精神！

一提到融创的渠道团队，外人常说这是一支"狼性部队"，狼性是一种工作精神，但是大家有没有想过为什么唯有融创团队才能匹配这样的称号？直到有一天融创的一名基层拓客人员告诉我，我才明白，他说：我也希望可以过着朝九晚五的日子，但是连孙总（孙宏斌）都这么拼，我有什么理由待在自己的舒适区？每当我身处逆境时，我都会想到孙总，他就是我的精神支柱，是我的偶像！

是啊！为自己偶像工作，辛苦一点算什么呢？这就是个人信念！

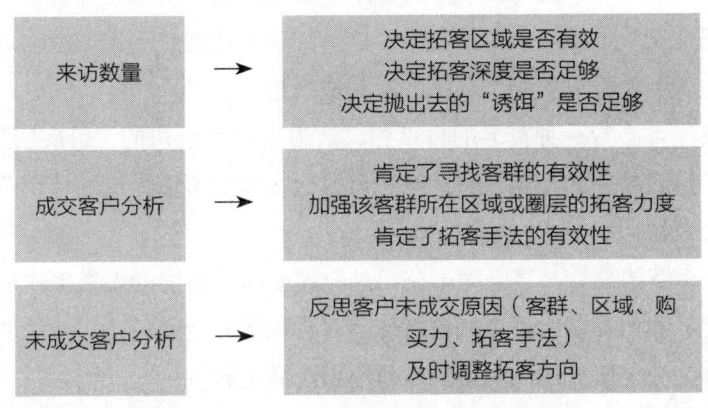

图1-8 对拓客方向有指导作用的三类数据

那么，如果你并不在融创工作，内心没有精神领袖，那该怎么办呢？在这里，向大家介绍三种通过制度塑造个人信念的心法（如图1-9所示）：

通过严苛的人力资源制度寻找优秀的人共事	通过直击心扉的"猛药"制度创造员工荣辱观	通过内部晋升制度缔造员工的事业成就感

图1-9　通过制度塑造个人信念的三大心法

（1）通过严苛的人力资源制度寻找优秀的人共事

优秀的一线销售和渠道人员势必要具备四种素质：职业素养高、具有强烈的竞争意识、热爱营销行业、对企业文化认同度高。员工是招聘而来的，而优秀的员工是反复淘汰的精英。公司的人力资源一定要经受住这样的考验，为一线输送大量的人才承受反复的淬炼。

同时，为了让员工有归属感和进取心，在制定人力资源制度时一定要考虑到一线人员需要什么！这一点我们将在"心法三"中做重点阐述。

（2）通过直击心扉的"猛药"制度创造员工荣辱观

微信游戏之所以盛行，起源于"好友排名"制度，后来发展到"好友互动"与"好友互助"！"排名"是一种简单但效果显著的手法，因为每个人都希望得到"存在感"和"认同感"。

创造渠道人员的荣辱观不妨从"排名"开始，每天、每周、每月、每一个销售节点，都需要做排名表，并且将此表及时公示。参与排名的可以是导客量，也可以是认筹量，可以是成交量，也可以是成交率，这一细节往往起到不错的激励效果。

（3）通过内部晋升制度缔造员工的事业成就感

渠道人员经常会有一种莫名的自卑感，认为自己是公司的"最底层"，但随着渠道营销在房地产营销中的作用日益加重，可以这么说，不懂渠道的营销总监不可能成为合格的营销总监。

融创有很多营销高管甚至是城市公司总经理就是从基层的渠道工作步步走向事业巅峰的，因此，我们在制定渠道制度时切不可忽视晋升通道的建立，让员工自发设立事业目标，在为公司服务的同时得到自身的事业满足感。

严谨且灵活，本是一对矛盾体，但要想渠道工作事半功倍，必须要做到如此，这对营销管理者是一大考验，尤其是"灵活"二字，在渠道管理工作中应是主基调，有了严谨且灵活的渠道体系，我们才能夯实渠道工作的基础。

心法二：
如何处理渠道与销售之间纷繁的竞争关系？

渠道部和销售部到底应该是怎样的关系？这个问题一直萦绕在营销管理者的脑海。

合作？竞争？分开管理？统一管理？渠道的客户由案场销售员接待还是由渠道部员工自行接待？渠道导入的客户是轮接还是指定接待？恐怕各有利弊，很多人对此种种深感忧虑。因为渠道部导入客户的途径很多，如何做到两个部门的和谐共生同时又保护到双方的利益是营销管理者思考的重要问题。

渠道部导入的客户共计分为七大类（如图1-10所示）：

如图1-10所示，渠道部的导客量是非常巨大的，且来访途径多样化，一二线城市

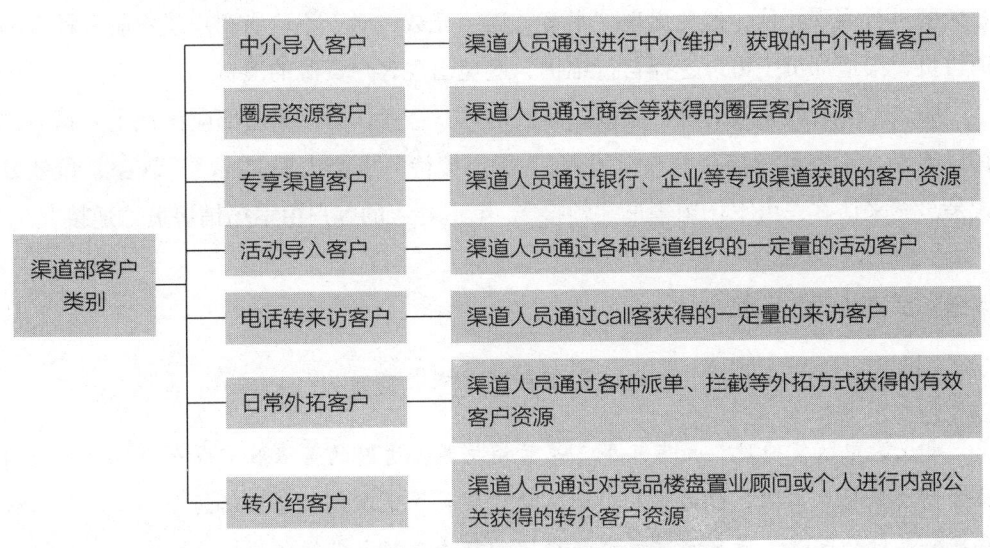

图1-10　渠道部导入客户的七大类别
注：已成交的老客户不在渠道部导客行列

的项目渠道部导客量一般可以达到总来访量的30%～50%，这就对案场的管理带来巨大困难。但只要把工作理顺了，以上问题就迎刃而解了。笔者通过对各家房企相对成熟的渠道管理制度进行归纳分析，特提出化解该矛盾的20字心法：独立管理、报备为纲、判别有序、利益均衡。

1. "独立管理"操作心法

独立管理，顾名思义，渠道部和销售部的负责人切不可为同一个人，这不仅是鉴于术业有专攻的考虑，还是出于对业绩认定、佣金认定、第三方机构或个人佣金认定的全面考虑。

众所周知，渠道通过图1-10所示的7种途径导入客户，有的是需要公司付出大量成本的，有的则是需要渠道部员工付出大量精力的，其佣金标准是完全不一样的。如通过中介公司导客，渠道人员付出的努力相对较少，公司要付给中介公司一笔高额的中介费用，因此渠道人员和内场销售人员的佣金比例要适度降低。在这样的背景下，如果渠道部和销售部为一个人管理，若监管机制不够严格的话，就会出现销售人员将"自然来访"的客户归属中介公司的现象，也就是我们俗称的"挂单"。

独立管理可以形成相互监督的良好机制，渠道部导入的客户由销售员根据客户的意向度进行客观评价，避免出现"水客"滥竽充数；对于不珍惜客户或者胡乱评级的销售员，渠道部员工可以选择自行维护，避免出现客户资源的浪费。

那么，渠道部导入的客户应该如何接待呢？笔者认为，渠道部应该把主要精力放在导客上，不宜自行接待客户，另外，"指定接待"也会出现"挂单"现象，最佳方式是自然来访客户由案场销售员"顺接"，渠道导入的客户由案场销售员"逆接"。

渠道和销售管理的反面教材：

重庆某项目"水客"严重

重庆渝中区某项目，面市三年三易营销总监，遗憾的是依然零成交，2016年该项目营销总监再次离职，公司决定由销售部经理兼管渠道部。一开始两个部门的员工还存在一些磨合问题，后来经过该销售经理的努力，两大部门相处极为融洽……

2016年9月，该项目迎来新任营销总监，为了迎接10月中旬的开盘，营销总监提出了导客要求，并且制定了相应的导客激励政策。

万万没想到……

政策颁布的第二天，售楼处来访量暴增，而且99%的客户评级都为"C"（C级为轻度意向客户，D级为无购买意向客户）。此事，让新任营销总监颇为费解！

经过一个星期的观察，原来渠道部员工为了完成导客任务，通过亲友帮忙、网约车等途径导来客户，而销售员为了帮助渠道部员工过关故意放水，全部评为"C"级，而这件事情的幕后操纵人就是该销售经理！

造成这样被动局面的就是"统一管理"模式，缺乏职业操守的情况下又缺少监督机制，开盘情况可想而知！

2. "报备为纲"操作心法

报备是渠道部工作人员进行客户认定以及结算佣金的唯一依据，完善的报备制度是渠道管理制度中最为重要的一节。

如图1-10中所示的七大类别的客户均需要外拓人员到案场报备，总结下来，报备分为三种情况（如图1-11所示）：

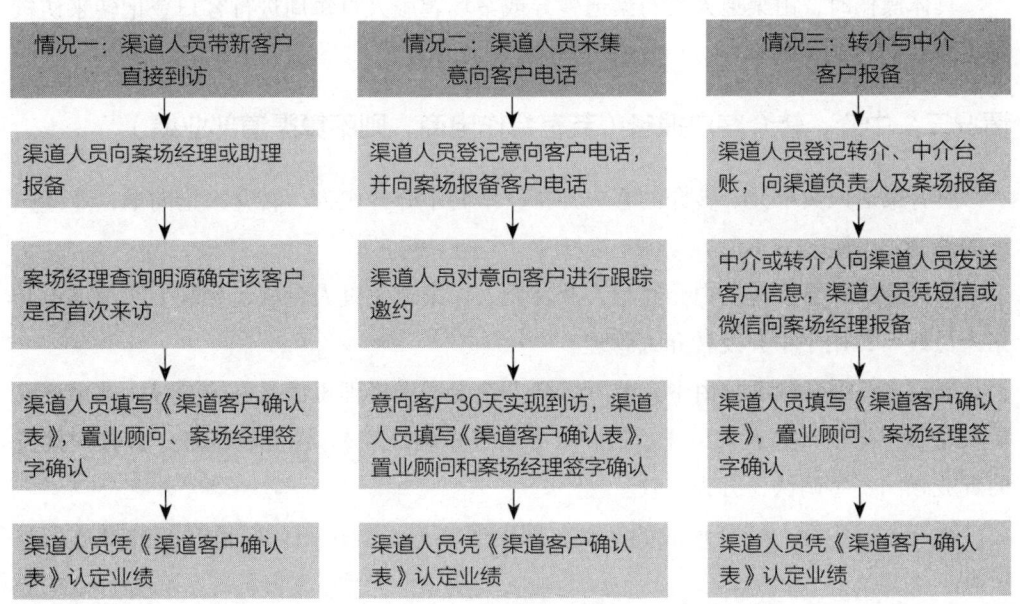

图1-11　不同来访渠道的报备及业绩确认流程

情况一：外拓直接形成来访客户

由渠道人员陪同客户到场为前提，渠道人员向案场经理报备（案场经理若不在，向渠道部负责人报备），并填写《渠道客户确认表》，由案场经理以及该客户接待的置业顾问签字确认，方为有效。之后置业顾问凭借《渠道客户确认表》在客户登记表录入明源系统时，备注渠道人员信息，表明该客户属于渠道人员外拓客户，《渠道客户确认表》作为渠道人员后续业绩计算凭证。

情况二：已登记客户电话，未形成直接来访客户报备

渠道人员通过各种外拓方，获得的客户姓名、电话信息，由渠道部每日下班前完成汇总，填写《渠道意向客户登记表》报备至渠道经理和案场经理，案场经理签字后，由渠道督导或案场客服人员建立意向客户台账作为登记。渠道人员自行进行客户的跟踪回访。渠道人员报备的电话有效期为30天，若30天内，渠道意向客户实现来访，则填写《渠道客户确认表》，由案场经理、该客户接待的置业顾问签字确认，方为有效。若登记电话来访时间超过30天，则不算该渠道人员业绩。

具体操作时，由渠道人员与渠道督导或案场客服人员每周进行客户登记转来访核对工作；超过30天的客户，信息自动清除。

情况三：中介、转介客户报备（若有合作电商，则不算渠道部业绩）

所有渠道人员中介、转介的客户开拓，本着中介经纪人、转介人指向谁，业绩归谁的原则。

案场客服人员要建立中介经纪人及转介人、渠道关键人台账，台账上明细渠道开拓人员姓名，用于中介及转介人管理。

渠道人员报备制度：由中介或者转介人在向案场经理短信报备的同时，向渠道人员发送客户短信，渠道人员凭短信和《渠道客户确认表》，由案场经理、该客户接待的置业顾问签字确认，方为有效。

所有通过中介、转介形成的活动、团购等客户，统一归该渠道开拓的渠道人员所有。

备注：为促进中介客户推介，由该渠道人员开拓的中介带来的来访客户，经过案

场认定为有效的带看客户（案场C级以上客户），给予渠道人员200元/组的带看奖励，以上奖励由营销管理部负责人以阶段性激励的形式向公司提出申请，公司审批通过方可执行。

上文中反复提及的《渠道客户确认表》样表（如表1–1所示）。

渠道客户确认表　　　　　　　　　　　　　　　　　　　编号：　　　表1–1

项目名称	
报备时间	_____年_____月_____日_____时_____分
到访时间	_____年_____月_____日_____时_____分

客户信息栏

客户姓名		性别		联系方式	
身份证号码					
客户区域	根据所在城市的行政区域或板块进行划分				

推荐人信息栏

姓名		公司		联系方式	
客户来源	□中介　□自行导客　□老带新　□活动　□其他				

案场签字确认栏

置业顾问		案场负责人	
案场助理		中介专员		项目经理	
备注			

特别说明：

1. 此确认表一式三联，第一联由电商公司或接收报备人员留存，第二联由渠道人员留存，第三联由开发商留存。
2. 客户签字栏必须由客户本人签字，否则视为无效。
3. 案场确认栏必须签核完整，否则视为无效。
4. 该确认表作为请佣依据，渠道人员务必妥善保管，遗失不补该确认表有几个细节尤为重要：（1）到访时间必须是在报备时间之后，为了防止有些渠道人员在售楼处门口拦截客户，一般间隙至少为30分钟；（2）置业顾问在签字确认时，一定要注意"推荐人信息栏"中的"客户来源"，这与佣金的计算有直接关联；（3）"推荐人信息栏"也非常重要，每个信息都要真实有效，便于业绩认定，同时便于公司对渠道业绩的抽查。

另外，在渠道人员的业绩认定中还有三个原则需要遵循：（1）所有渠道人员登记的意向客户电话（包括关系户、中介、转介等所有客户在列）或直接来访，在计算业绩时，都必须先查询明源系统，客户来访纪录，在登记客户无以往来访纪录的情况下（包括父母、子女、配偶直系亲属未有来访登记），方可算为有效业绩；（2）当出现客户交叉现象，以时间先后顺序认定业绩有效性，即渠道人员登记的客户，必须早于案场来人登记时间方为有效；（3）若发生客户交叉现象，当事人应本着友好地态度互相协商，协商不成交部门调解；如发生争吵，业绩提成归集体公佣。

当然，随着移动互联网的发展，以上流程以及各种表单都已经被移到手机端了，但是万变不离其宗，所有的原理都是一样的，如果你所在的公司并没有引进较为先进的营销系统，不妨可以使用以上流程和方法。

3."判别有序"操作心法

关于渠道部业绩的认定，我们在上文中已经做了重点阐述，但是有一种情况我们需要单独列出来重点说明。

众所周知，在很多情况下因渠道部的辛勤工作而导致业绩无法认定的情况还是很多的，如渠道部组织派发海报、外出巡展、外出参加某活动等形式导入的客户是极难认定的，主要原因是渠道部开展的是"一对多"的行动，而很多客户选择自行前往售楼处，但并未向案场说明来访形式。针对这样的情况，我们提出三种解决方式（如图1-12所示）：

4."利益均衡"操作心法

渠道工作能够顺利开展，与公司的财力是分不开的，不同的导客渠道应该根据公司投入的多少设置不同的佣金比例。需要公司投入的导客渠道（见表1-2）：

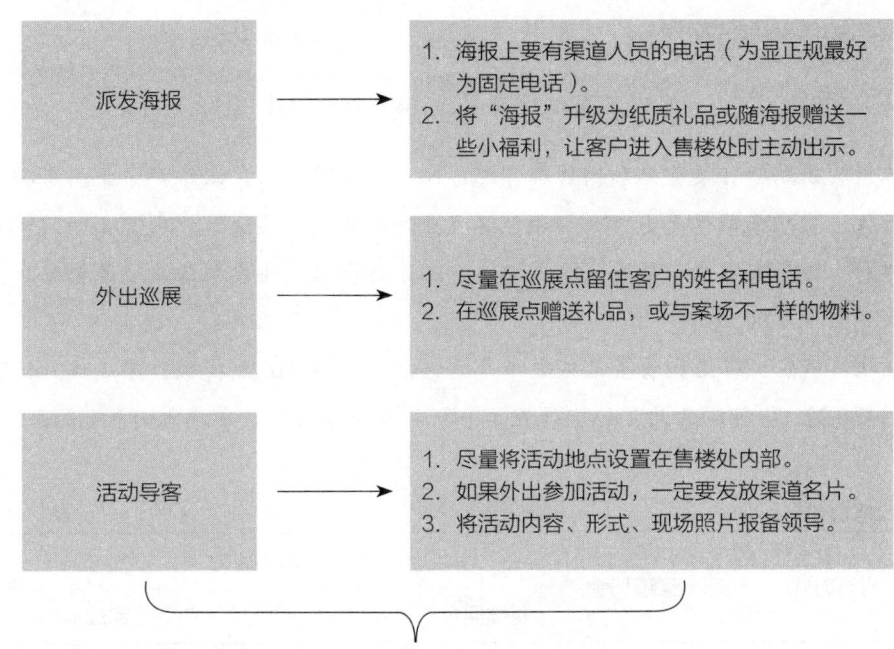

如果依然出现难以判定的现象，业绩可以归渠道部共有

图1-12　渠道部集体拓客行动时注意点

需要公司投入的导客渠道表　　　　　　　　　　　　　　　　表1-2

导客渠道	投入款项	金额高低	渠道佣金比例高低
自主导客	相关物料	无	高
中介导客	相关物料、中介费、人员维护费	高	最低
活动导客	活动组织费	中	略高
巡展导客	场地费、搭建费	高	略低
电话导客	电话费	低	最高
转介绍	介绍费、公关费	中	低

　　但是对于销售部来说，无论客户的来访途径是什么，他们需要接待的内容以及客户的成交难度是一样的（老客户介绍来的新客户除外），因此，置业顾问的成交佣金不随导客渠道的变化而变化。

渠道部与销售部佣金案例：

苏州某高端项目渠道与佣金发放比例

苏州某高端项目渠道部和销售部各配备10人，渠道部工作以维护中介门店和圈层营销为主，案场采取的是自然来访由10名置业顾问顺接、渠道客户由置业顾问逆接的形式进行。该项目要求销售部每个人都要承担来访指标，主要来访途径是老客户和竞争项目销售人员的介绍。

该项目规定，每名销售员未完成该月销售指标的按照0.2%提佣，完成该月销售指标的按照0.32%提佣。为此，他们设置了一个非常简单的佣金发放比例表（见表1-3）：

佣金发放比例表　　　　　　　　　　　　　　　　　　　　　　　　　表1-3

导客方式	渠道佣金	销售佣金	
		基础佣金（未完成指标）	跳佣（完成指标）
自然来访	0	0.2%	0.32%
中介导客	0.2%	0.2%	0.32%
渠道转介绍导客	0.4%	0.2%	0.32%
渠道自主导客	0.6%	0.2%	0.32%
老带新与案场转介绍	0	0.2%	0.2%
活动导客	0.4%	凡参与活动接待的置业顾问共同分享公佣（0.2%）	

在本节的最后我们还要讲述一个突出的问题：销售员对渠道部导入客户的珍惜度问题。这也是很多渠道部员工经常抱怨和投诉的焦点问题。对此，我们的处理办法很简单：

（1）营销管理者可以将所有销售员评判为"D"级的客户全部归属于渠道部，由渠道部自主维护和跟进，如果后期有成交，那么对应的销售员不仅要将该房屋的所有佣金归渠道部名下，还要承担一定的责任。

（2）如果出现渠道的客户投诉销售员服务态度等现象的，该客户归属其他销售员，或由渠道部自主维护和跟进，首次接待的销售员不参与佣金发放，并且承担投诉责任。

（3）对于超过30天仍未成交的客户，所有客户资源移交渠道部，由渠道部负责维护和跟进，一旦有成交，那么所有佣金归渠道部所有，或者由拓客人员与二次接待且成交的销售员按比例分享佣金。

心法三：
如何提高渠道人员的积极性，但同时做好有效激励工作？

渠道既是脑力活，也是体力活！他们的工作往往比销售内场的人更加辛苦，再加上大多数渠道人员都有一种心理上的"自卑感"，因此制定相应的"激励制度"显得尤为重要。

营销管理者必须与公司人力资源部就渠道部的激励制度进行反复论证，研究拓客人员的真实需求，制定出一套可以大大提升拓客战斗力的"野战部队"。

根据马斯洛的需求层次理论，人类需求像阶梯一样从低到高按层次分为五种，分别是：生理需求、安全需求、社交需求、尊重需求和自我实现需求。那么人力资源制度根据这一理论就迎刃而解了（如图1-13所示）：

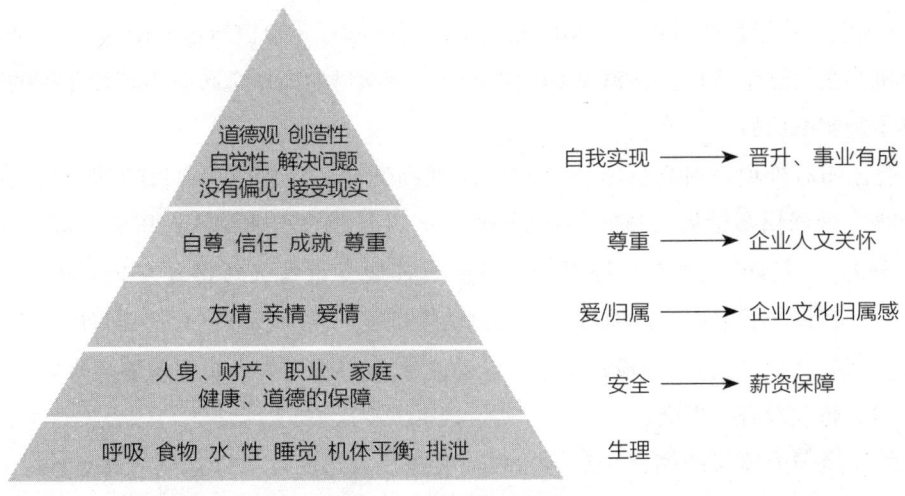

图1-13 马斯洛需求层次理论对应的人力资源制度

1. 金钱激励，业绩导向的高佣金

在前文中我们反复提到，灵活高效的渠道制度之所以能够存在而不易复制，那是因为有企业文化这片"土壤"在支撑。市面上但凡渠道工作做得好的企业无不提及一个重要理念：一切以营销/业绩为导向。尽管很多公司都在提，但大多浮于表面或做得不够彻底。

曾经有某位来自融创的案场经理说过三句话：（1）公司导向就是一切为了销售，为了成交。所有工作所有部门为了这个目标都必须全力配合。（2）客户只有一个理由可以不买，就是真没钱。如果暂时没钱，公司可以借给他。（3）只要能够成交，公司什么都支持营销。

这才是真正的"业绩导向"！

孙宏斌曾经对销售本质有四点归纳：（1）找到好的销售员，提高佣金比例。（2）所有思考和行动围绕："客户是谁，在哪儿，找出来，成交"。（3）产品满足客户的需求。（4）客户对产品和服务一定要满意。

孙总第一个提及的就是"提高佣金比例"。融创的佣金是出了名的高，其实他们的底薪也是非常有竞争力的。此外，融创的各类奖励据说可以高达17项，销售人员和渠道人员年薪过百万的一点儿都不稀奇。

除了融创之外，碧桂园也深谙此道。众所周知，碧桂园的明星楼盘——马来西亚"森林城市"项目是2016年度全国房地产单盘销售冠军，销售额超过100亿元，全国数千个机构在为这个项目提供源源不断的客源，该项目的高佣金政策为辉煌业绩的达成提供了坚实的后盾。

碧桂园海外项目最高打出3%的现场结佣高佣金，森林城市项目的佣金最高能达到2.5%。全球招募销售人员底薪达到20000元/月，高出行业平均销售底薪4倍。由于大部分海外项目的主要客群还是国内客户，还要保证每天售楼处有300人左右的流量，对来客量的需求比国内项目还要大，销售难度非常大。在巨大的销售压力下，只能用"高佣金+高底薪"的模式刺激，全球范围内招聘销售人员，才能换来客户源源不断的上岛、看房、成交。

碧桂园国内项目的佣金一般为0.6%，三四线城市的项目能达到或超过1%。2015

年，宜兴碧桂园推出全民营销利器，重金悬赏全民推介人，2%的税后佣金，推介人只需带客户到现场或者上"凤凰通"平台线上登记推介，后期有专业置业顾问全程跟进，一旦成交，推荐人便可当即享受现金结佣。

金钱激励案例：

没有什么比现金更具诱惑性

笔者曾经为多家公司制定过渠道管理制度，一到制定奖励制度时都会提出现金激励。有很多公司处于财务制度的考量，往往拒绝出现现金的形式。数年下来我们惊喜地发现，凡是采用现金激励的项目业绩普遍较好。

现金激励的形式有很多，比如带看奖（凡是带过来一组有效客户，奖励现金100元）、成交奖（渠道人员带来的客户一旦成交奖励2000元）、资源奖（每成功洽谈一个优质资源奖励1000~2000元）等。

2. 晋升激励，明确快速的晋升通道

晋升制度是众多房地产企业渠道管理制度中的短板，很多基层拓客人员本身就自卑，认为升职加薪跟自己没有关系，能做到渠道部负责人就算是"光宗耀祖"了，至于营销总监这个岗位想都不敢想。因此，晋升通道的开启势在必行，而且需要遵循四大原则（如图1-14所示）：

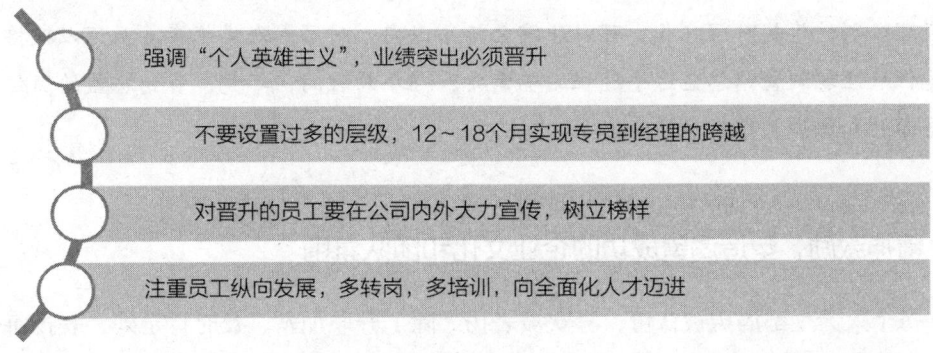

强调"个人英雄主义"，业绩突出必须晋升

不要设置过多的层级，12~18个月实现专员到经理的跨越

对晋升的员工要在公司内外大力宣传，树立榜样

注重员工纵向发展，多转岗，多培训，向全面化人才迈进

图1-14 渠道人员晋升的四大心法

营销部基层员工晋升案例：

龙湖地产针对基层员工提出的"六年培养计划"

在龙湖地产内部，有非常明确的以业绩为导向的快速晋升通道，一切都以业绩来说话。这样的晋升制度，也帮龙湖培养了很多年轻高管。据了解，龙湖地产原集团营销总监及70%以上的城市公司营销总监为基层出身。该公司提出的"六年培养计划"（如图1-15所示）让很多基层员工看到了希望。

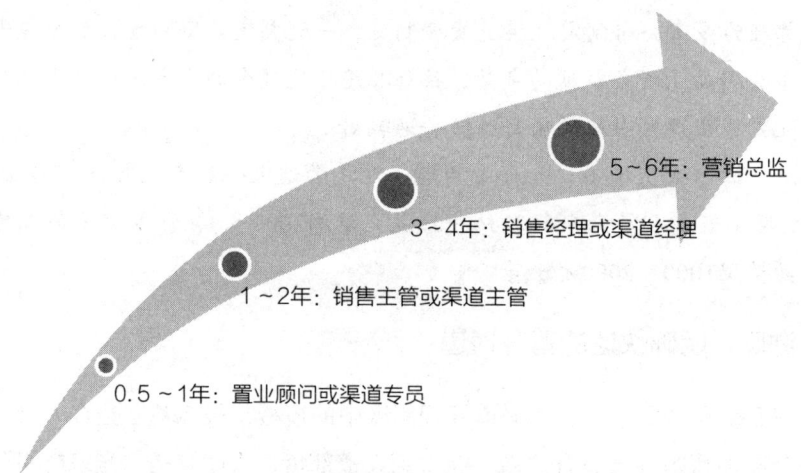

5~6年：营销总监

3~4年：销售经理或渠道经理

1~2年：销售主管或渠道主管

0.5~1年：置业顾问或渠道专员

图1-15 龙湖地产针对营销基层员工提出的"六年培养计划"

这个培养计划的确做到了晋升通道的明朗化，不过笔者却认为从普通的基层员工到经理级别的跨越时间略长，可以压缩至三年以内，对于表现卓越者甚至可以破格提拔。但从经理到营销总监这个过程的确需要2~3年的时间，毕竟，营销总监的岗位需要全面的知识体系和实操经验。

3. 精神激励，塑造渴望成功的企业文化和团队氛围

每个人天生都渴望被认可，喜欢被表扬。除了升职加薪、及时肯定外，表扬每个营销人员的付出也是一种很好的激励方式，尤其是对渠道人员。

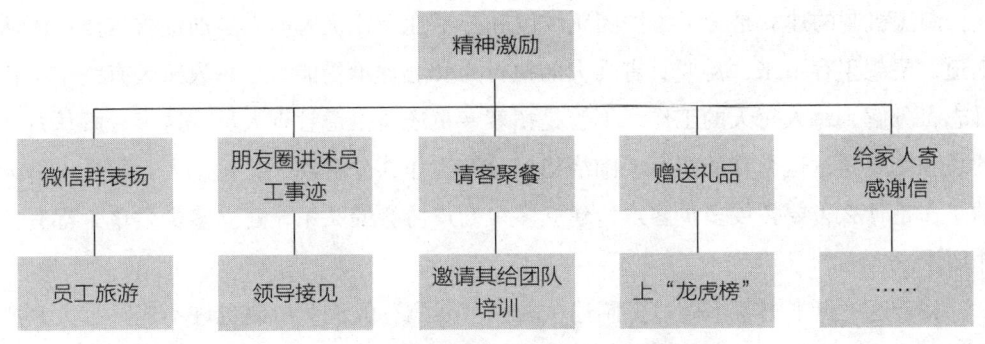

图1-16　针对渠道人员的精神激励细节

企业文化和团队氛围的塑造来源于细节，一些微小的细节（如图1-16所示）可以发挥出巨大的作用，让渠道人员更加有工作激情。

渠道部员工精神激励案例：

一个朋友圈感动了苏州地产界

2015年8月17日，某公司营销总监在微信朋友圈发了一段话和配的九张图感动了苏州地产营销圈。

朋友圈文字的大概意思是：我招聘了一名渠道员工，很久没有开单了，结果昨天晚上帮他梳理了客户给了他一些鼓励今天竟然就有认筹了。晚上我请团队为他庆祝，当得知他客户的来访经过时我惊呆了，这是一种怎样的毅力？！我敬酒问他原因，他回答：如果客户不来，我会打100个电话给他，直到他来为止！

九张配图的前两张是他和那名拓客专员的聊天截图，他问：这个客户是怎么来的？拓客专员回答：电话Call来的！他继续问：你打了几次电话？发了多少短信？拓客专员回答：73次电话，36条短信……

该营销总监的朋友圈不仅向业内诠释了什么叫团队精神，更加让所有的员工得以鼓舞，这种鼓舞比任何的物质奖励都有效！

4. 反激励，制定严格的淘汰机制

营销工作，本身就是残酷的！努力和过程固然重要，但"数字"更加重要！

淘汰机制的建立是为了维护团队纯度和公平性，让优秀的人更加优秀。要让团队知道，要想生存下来，需要具有强大的执行力和心理承受能力，每人每天有一个工作日志，分解到每人每天的工作，不管是拓客专员还是渠道管理人员。这个分解从月初的总和就要超过这个月的指标，围绕指标分解工作，分解到天、每个人，每个人每天的工作是什么，要拓展多少客户，建立多少商户协会的关系，建立多少名单，都有工作要求。

关于这一点本书就不做过多阐述，融创"残酷"的淘汰机制也许不能够被大家所效仿，但是其团队精神值得学习：

（1）强销期月度未开单且连续两月倒数第一，直接淘汰，永不录用。

（2）自营销副总向下每人背负高额销售指标，非上即下。

（3）两个组或多个拓客小组PK，没完成任务将被集体罚款，其中组长承担更多的罚金。

（4）所有渠道人员每天、每周、每月均有约访指标，指标达不成且无成交的，后两名渠道人员直接淘汰。

企业战略层面的激励案例：

碧桂园集团"同心共享"计划生动诠释"动车理论"

房地产著名媒体人潘勇堂先生在自媒体中全面地诠释了碧桂园集团在2014年底推出的"同心共享"激励计划。他说，越来越多的企业家已经不认同"火车头理论"，即火车跑得快，完全靠车头，而如今更流行的是"动车理论"，即动车跑得快，不是靠车头，而是靠每节车厢产生动力，一起努力向前。

碧桂园集团在2012年推出"成就共享"激励计划之上，又创新推出升级版的"同心共享"激励计划，就是动车理论的体现，同心计划——真正让碧桂园员工发挥主人公意识，让员工一起当家做主。

"同心共享"激励计划为：从2014年10月起，碧桂园所有新获取的项目均采取跟投机制，即项目经过内部审批定案后，集团投资占比85%以上，员工可跟投不高于15%的股权比例，共同组成项目合资公司。

该计划规定：

强制投资：集团董事、副总裁、中心负责人及区域总裁、项目经理需要对项目强制跟投。

限额投资：除以上强制跟投人员之外，其他员工在不超过投资上限的前提下也可自愿参与项目跟投，其中区域总裁、项目经理等仅需投资自己区域的项目，占比不高于10%，集团员工可投资所有项目，但占比不高于5%。

回报机制：当项目获得正现金流后，利润就可分配，所得利润可用于投资下一个项目，也可交给集团公司有偿使用；项目有盈利时，可进行分红；但如果项目出现亏损，参与者不可退出。

进出机制：在项目投资期间，参与者则进出自由。

渠道部员工激励案例：

苏州某项目渠道部激励费用预算表　　　　　　　　　　　　　　　　表1-4

奖励项目	奖励金额（元）	评定周期	人数
周优先开单奖	1000	每周	1
周最多拓客奖	1000	每周	1
周最高业绩奖	2000	每周	1
月最高业绩奖	5000	每月	2
月最多拓客奖	2000	每月	2
月积分最高奖	2000	每月	2
年度最高业绩奖	50000	每年	1
年度积分最高奖	10000	每年	2
阶段性冲刺奖励金额	结合阶段性冲刺计划，阶段性执行		

渠道战前心法

在正式拓客之前，我们有三大工作需要精细化地完成：渠道各类制度的拟定、拓客工具的完善、绘制简单明晰的"作战地图"。"作战地图"的依据是客户地图，它决定了渠道各个拓客组的工作方式和工作方法，它同时也决定了我们对拓客工具的选择，因此，客户地图的绘制将决定渠道工作的成败。

2

心法四：
如何绘制一张简单有效且可执行的客户地图？

　　房地产业内关于绘制客户地图的方法很多，但有的浮于表面，对拓客工作没有实际的指导意义；有的过于复杂，随着拓客工作的逐步展开，客户地图反倒成了"鸡肋"；还有的企业使用了移动互联网技术，将拓客地图移到手机端，但客户地图并不仅仅是决策者的专享工具，更应该是普通拓客人员的指导工具，因此笔者的建议是：有条件的企业可以两者并用，移动端主导数据，纸质版主导策略。

　　其实，客户地图的绘制没有那么复杂，前后只需四个步骤（如图2-1所示）：

　　在以上四个步骤中，我们重点讲述第二个步骤——根据客户的生活居住习惯以及工作区域的分布绘制地图。

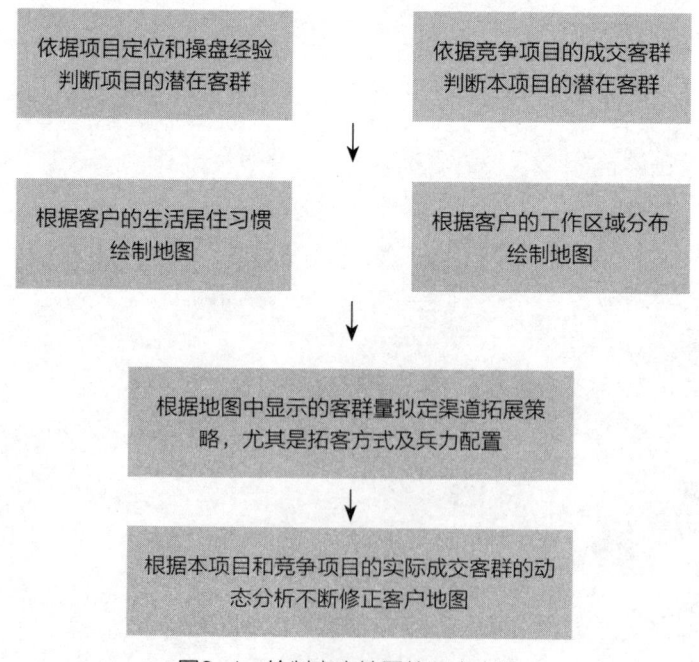

图2-1　绘制客户地图的四个步骤

追踪客户的行为习惯就是一个从面到点的过程，什么是"面"？行政区域是"面"，行业是"面"，生活习惯也是"面"；什么是"点"？高端会所是"点"，医院是"点"，学校是"点"，4S店也是"点"……因此，我们可以形成这样的绘图逻辑（如图2-2所示）：

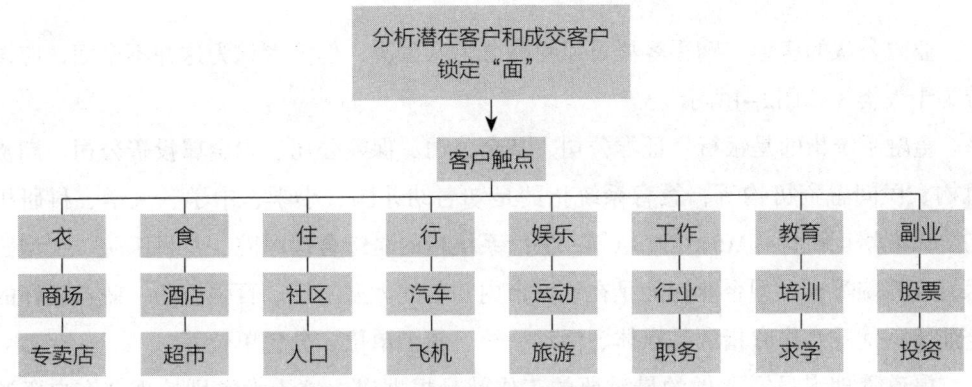

图2-2　捕捉客户接触点的逻辑与细分

如上图所示的接触点包罗万象，我们可以分为两大类，即客户的生活居住习惯和客户的工作区域分布，也就是说我们的客户地图最好为两张，相互补充。

1. 根据"衣食住行"寻找客户触点

人类的行为是动态的，永远离不开"衣食住行"这四种行为，我们可以根据该座城市或项目所在区域的实际特点，详细地列出这四种行为的发生区域和位置，当然，所有触点必须要和项目的客群层次相匹配。

如某高端项目，可以根据"衣食住行"进行如下罗列（如图2-3所示）：

把这些触点详细地标识在地图上，名称、档次、客群层次、人口、经济效益等，如

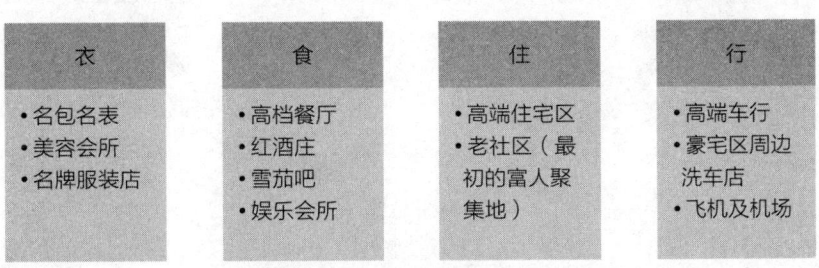

图2-3　根据"衣食住行"圈定的客户触点

有必要还可以把负责人姓名、联系方式进行标注，便于拓客人员便捷地寻找到该资源。这样的客户地图不仅为拓客方向提供线索，同时为策划部开展异业联盟工作提供便利。

2. 根据"行业分类"寻找客户触点

业内公认的房地产购买客群可以粗略分为八大类，但笔者认为这并不全面，应该分为十大类（如图2-4所示）：

金融系统指的是银行、证券公司、基金公司、保险公司、贵金属投资公司、期货机构、民间融资机构等；教育系统指的是知名幼儿园、小学、中学、大学、科研机构、高端培训机构、MBA/EMBA等；医疗系统指的是综合性医院、专科医院、大型药房、疗养院等；大型企业指的是在该城市内知名的大型工厂、百强企业、效益较好的企业等；优质合作方指的是媒体、活动公司、施工单位、分包单位等。

渠道管理人员需要做的最重要的工作就是根据以上这十大类别梳理"客户资源

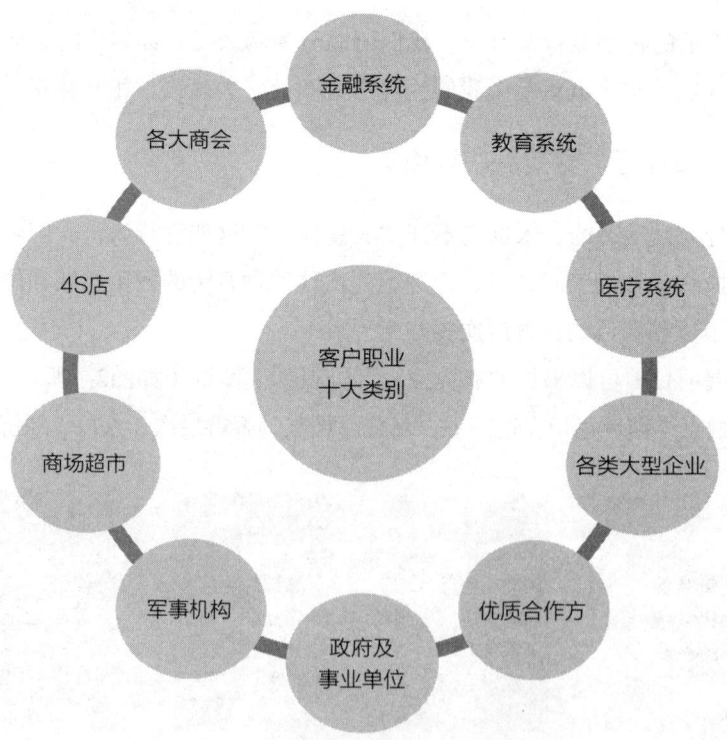

图2-4 房地产潜在客户所在行业的十大类别

表"，寻找到客户接触面、接触线和接触点。"客户资源表"要求罗列要尽量详尽，单位名称、单位地址、单位人数、组织构成、单位经济效益、对接人姓名、对接人电话等，有了这些资源信息之后，一定要在地图上标示出来，记住，不同的类别要用不同的符号标出来，以增强可识别性。

绘制客户地图案例：

苏州金鸡湖某高端项目客户地图

该项目位于苏州金鸡湖东侧，项目销售周期接近三年，图2-5标识的是销售一年时的客户地图，该图将客户的工作区域和生活区域绘制在同一张图上，采用不同的颜色标注。深色的标注号代表客户的生活区域，浅色的标注号代表客户的工作区域，此图经过反复的修改和校正而成，让拓客人员一目了然，而且也为策划部的推广工作提供方向。

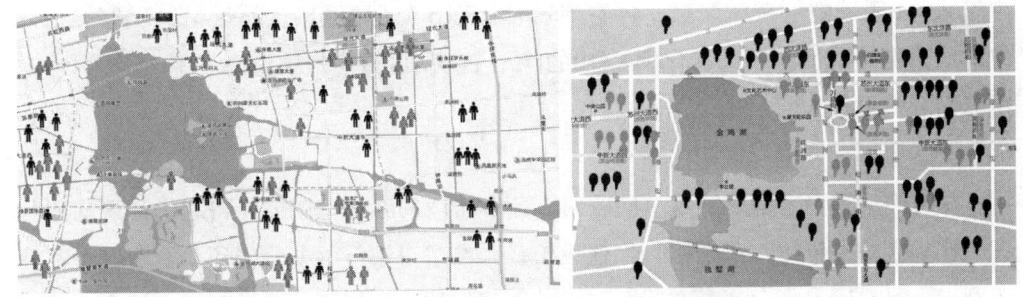

图2-5　苏州某高端项目拓客一年的客户地图

3. 客户地图的优化与扩容

客户地图不可能是一蹴而就的，需要进行动态的调整，中海地产的营销高管陈双全先生就颇有心得：

（1）审视销售目标与客户量

如果初步的客户地图呈现之后，可以粗略地计算出导客量，再根据成交比可以算出大约的成交数据，如果成交数据与销售目标还有一定的差距，就必须需要将客户地图扩容，寻找更多的客户接触点。

（2）根据销售难度扩容客户地图

如果项目的销售难度超过当初的设想，又或者是某一类产品成为"滞销产品"，这个时候必须考虑再次扩容。

（3）及时更新点位，同时延展机会点位

如果有2组客户来自一个地方，那么该点位就具备来访更多组的可能性，所以这类点位可称为必做点位，而其附近暂未形成来访的点位则称为机会点位，在距离客储目标还有差距的情况下，我们需要对这类点位进行延展，若资源及精力有限，则可根据点位规模、人群的经济水平筛选质量较高的先行。

（4）关注单人产出量及现场转化率，以提升费效比为目的优化地图

假设A区域成交10套，B区域成交5套，单纯从数据上看我们很容易将资源倾斜至A区域，但如果深入分析则不然。

首先要看单人产出量，A区域投入了50人，单人产出是0.2套，B区域投入10人，单人产出2套，这说明A区域的费效比高于B，那就有必要增加A区域的目标点位及资源投入，B区域则可考虑缩减。再看现场转化率，A区域虽然认筹量是B区域的2倍，但来访量更是B的4倍，即转化率A为B的1/2，说明A区域客户质量高于B，同样可考虑覆盖面和资源投入向A倾斜。

（5）剥洋葱式追问客户位置

在回答"客户在哪里"这个问题时，蓄客阶段的客户地图要经得起剥洋葱式的问答，比如客户在银行？哪个银行？建设银行。在建设银行的办公楼还是营业网点？营业网点。是在网点柜台还是在后台……地图越细致，我们所花费的时间、精力、费用等各项成本就越低，拓客效率就越高。

经历了以上步骤，一份不断完善、永远不可能完整的客户地图就算是走上了正轨，这张图将是渠道工作的总纲，"得该图者得天下"，所以任何一个渠道管理人员都不能忽视地图的重要性。

经纪人激励心法

在房地产渠道营销中，中介公司经纪人扮演着重要的角色，尤其是在中介行业相对发达的一二线城市，中介公司的销售占比可以达到30%左右，一线城市占比会更高。同样作为全民营销重要组成部分的编外经纪人，也至少为项目贡献10%左右的销售份额！因此，这两类经纪人的发展与激励成为渠道管理中重要环节！

3

心法五：
如何有效提高中介经纪人的带客积极性？

"一二手房联动"是宏观调控常态化的时代背景下衍生而出的产物，毕竟，二手房中介门店掌握着销售的终端，而渠道管理的核心就是"找到终端"，所以，在渠道营销当道的今天，与中介门店的合作势在必行。

有很多营销高管非常"傲娇"，认为自己操作着高端盘，交给中介去卖似有"暴殄天物"之感，其实只要注重中介公司的选择，加强中介员工的培训，优化中介经纪人的带看与成交流程，很多中介经纪人一定会有不俗的表现。

笔者这几年接触了100余家中介公司，合作过的中介门店也有三四千个，在与他们的合作中发现，形形色色的中介经纪人一般都会比开发商或代理商的员工要努力得多，他们中的一部分人尤其是业绩突出的人也有"傲娇"的心理，给不给开发商"带客"完全看心情。说白了，尊重是相互的，只有尊重经纪人的开发商才会得到经纪人的青睐。

为了讲清楚提升经纪人积极性问题，我们要首先剖析经纪人的特征（如图3-1所示）：

经济基础决定上层建筑，中国大部分经纪公司的员工底薪都是很低的，正因如此，他们比销售内场的人更加珍惜工作，更加珍惜客户，更加具有行动力；也正因为他们认为自己几乎是"社会底层"，所以有强烈的自卑感，一旦业绩出色，原本被

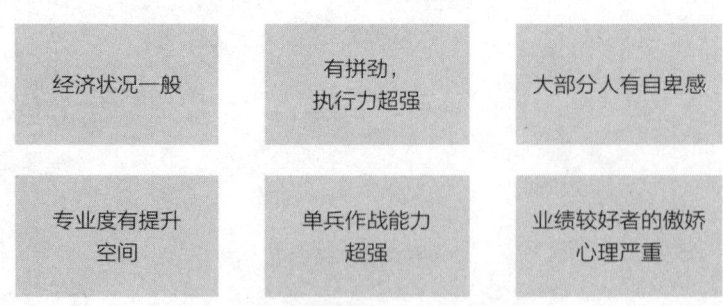

图3-1　经纪人的六大特征

压抑的心理得以释放，部分人变得"傲娇"。结合这样的性格及职业特征，提升中介经纪人积极性需要遵循两个关键词：经济激励、尊重及尊重感。

1. 经济激励是根本保证

正规的房地产企业在布局渠道的时候，都会选择"公对公"的与优秀的中介公司合作，经纪人个人根据业绩情况可以拿到开发商结算给中介公司总佣金的15%～40%，平均下来只有25%。因

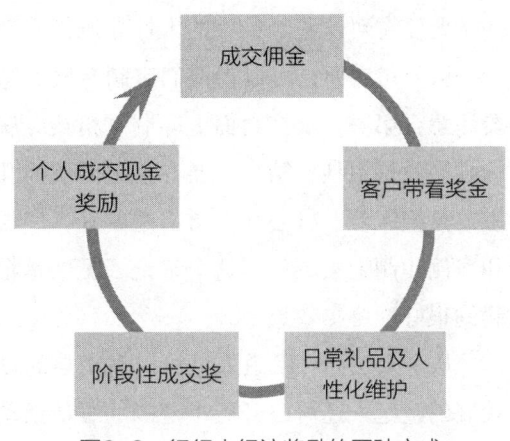

图3-2　经纪人经济奖励的五种方式

此，渠道管理人员要根据这一特性设置一些给经纪人个人的奖励政策，一般来说，经济激励分为以下五种（如图3-2所示）：

（1）客户带看奖金

一般的房企会在产生成交的前提下与中介公司结算佣金，但是为了刺激经纪人的带看积极性，或者是为了补贴经纪人带领客户进入售楼处的交通成本，应该设置"基本带看奖"。

该奖金的金额一般在100～200元之间，略低于售楼处每月平均来访成本，最佳的方式是以现金形式发放，如果在财务上难以操作，可以以购物卡形式发放。

在结算周期上，我们认为当场结算最好。在"心法二"中我们提到《渠道客户确认表》，该表格经过多方签字，明确该客户的确为中介公司报备并带进售楼处并且评级为"C"及以上的，当场结算带看奖金。为了减轻财务的工作压力，在征得经纪人同意的情况下，按月结算也是可以的。

（2）日常礼品及人性化维护

虽然房地产企业是与中介公司合作，但是真正的执行层面是每家门店，真正做事的是每一位经纪人，我们要知道，中介公司并非与一家地产公司合作，而是几家甚至是几十家，除了高额的成交佣金外，日常的人性化维护是他们选择是否首次带看目标的另一个关键因素。

因此，作为渠道人员，平时维护着至少十几家中介门店，接触的经纪人上百人，

一定要注意对这些经纪人的人性化维护。

从公司层面，可以为他们定制专属的笔记簿和签字笔，在做这些礼品的时候一定要注意：第一，要在封面上印制"精英专属"字样，让他们有荣誉感，如果印制他们的姓名效果更佳；第二，要在笔记簿的前几页印制自己楼盘的广告，篇幅不要过多，主要是把区位、核心卖点讲清楚就好，广告之后再把前一年合作的中介公司成交数据和案例印制上去更佳。这个笔记簿虽然是个小礼品，更加是经纪人的拓客工具，可以起到很好地维护效果。

从个人层面，渠道人员可以在炎热的夏季多送点矿泉水和水果给门店，对于业绩较好的经纪人还可以开展小范围的宴请活动，加强自身与经纪人的私人感情。

（3）阶段性的成交奖项

每个项目都有阶段性的销售周期，营销高管们通常为了确保销售目标的达成，开辟多种渠道，其中中介门店这个渠道必不可少！为了广泛地提高经纪人的积极性，可以专门为经纪人团队设置一个具有诱惑力的成交奖项，如国外双人游、20000元奖金等。但是在设置这个奖项时要注意两点：第一，必须要设置成交底线，达到或者超出该目标方可有效；第二，激励必须是双重的，因为这需要中介公司或中介门店和经纪人双方努力方可达成，因此奖项最好设一个团体奖和一个个人奖。

经纪人阶段性成交奖项案例：

上海某高端项目设置双人欧洲游奖项

上海某浦东项目非常注重与中介公司的合作，通过中介公司成交比例占总销售业绩的40%以上，某月，集团提出了"开盘即售罄"的要求，预计销售总额达到15亿元。

渠道负责人领取了7亿元的指标后，首先布局中介公司，宴请了多家关系良好且已经有成交的中介公司负责人以及经纪人，人数达200人。

在宴会上，渠道部负责人当场发放了之前的佣金，表彰了优秀的门店和个人，随后就此次新推出的房源做了详细的说明，让所有经纪人都充满信心。最后，他抛出了一个巨大的诱惑：凡是成交10套及以上且总排名第一的经纪人，奖励税后20000元现金，额外赠送双人欧洲游；凡是成交20套及以上且总排名第一的门店，奖励税后50000元现金，额外赠送店长双人欧洲游。

这一奖励政策的颁布极大地刺激了门店负责人和经纪人的积极性，很多经纪人说：这不只是激励我们经纪人，更加体现出开发商对我们的尊重。

（4）成交佣金

成交佣金是经纪人及中介公司最大的收益，制定具有吸引力的佣金政策是渠道负责人重点考虑的问题。其实，成交佣金的制定原则是最简单粗暴的，只需要考虑两个因素（如图3-3所示），但这两个因素却是最重要的。

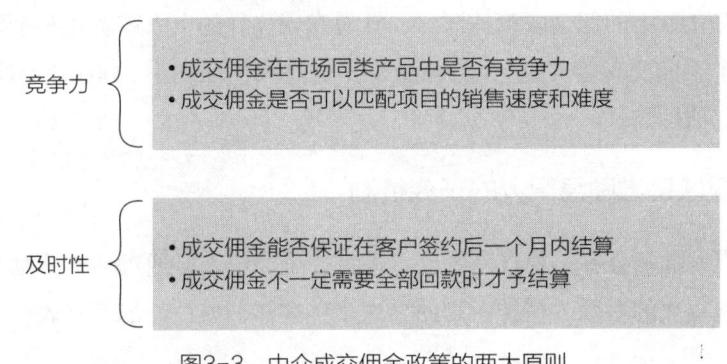

竞争力
• 成交佣金在市场同类产品中是否有竞争力
• 成交佣金是否可以匹配项目的销售速度和难度

及时性
• 成交佣金能否保证在客户签约后一个月内结算
• 成交佣金不一定需要全部回款时才予结算

图3-3　中介成交佣金政策的两大原则

事实证明，成交佣金如果及时结算，经纪人对开发商的信誉就会信心十足，前文中提到的"傲娇"情绪就会减弱很多，相反，开发商迟迟不予结算，伤害的绝不是经纪人的积极性，更是企业的口碑。

笔者在市面上曾经接触过一些类似于房地产电商类的公司，有些公司特意制作了中介经纪人平台，只要客户成交，该公司可以帮助开发商垫付成交佣金，然后开发商再结算给该公司。这种模式就彻底解决了佣金结算问题，得到经纪人的好评。

成交佣金结算延迟的反面教材：

苏州某项目延迟结算引起中介抵制

苏州某项目非常注重与中介公司的合作，中介成交占比一直在30%～40%之间，该公司正常的结算周期也算不错，客户签订了《商品房买卖合同》之后的两个月内一般都能与中介公司结算完毕，这一举措让该项目在中介圈内饱受好评。

可惜的是，该项目更换负责人之后，改变了对中介的佣金政策，导致成交佣金延迟半年之久。有的中介老板找到售楼处，甚至报警要求警察出面讨薪，还有的跑到公司总部要求财务付款。其结果是：一、80%的中介公司停止了对该项目的带看；二、原本30%～40%的成交比例骤然下降到个位数，让项目元气大伤。

（5）个人成交现金奖励

上文我们提到，经纪人个人根据业绩情况可以拿到开发商结算给中介公司总佣金的15%～40%，这显然对经纪人是不太公平的。为了继续提升经纪人的积极性，可以在制定了具有竞争力的佣金政策的同时，针对表现优异的个人或者在某个特定的销售阶段推出"个人成交现金奖励"，但该金额不宜过大，区间为2000～5000元之间，总价较高的豪宅项目除外。

2. 营造尊重感是激励经纪人的长效机制

中介经纪人常常会有一种自卑感，尊重每一位经纪人，通过精神激励为他们营造尊重感是更深层次的激励。精神激励的办法多种多样，最核心的不是表扬，而是申诉机制的建立。

（1）申诉机制的建立

什么是申诉机制？众所周知，中介带访的客户与其他渠道的客户经常产生交集，也就是我们常说的"撞单"，行业内我们认定客户的依据是以家庭为单位，而不是以个人为单位，因此报备信息中如果报备了一个人的姓名和电话，理应视为直系家庭成员一起被报备，往往在这种情况下产生"撞单"现象。

在"撞单"的情况下，如果按照政策，经纪人的利益无法得到保障，因此，在进行客户认定的时候要注意制度的合理化，同时遇到该问题时，一定要有合理的申诉机制，只要经纪人能够拿出有效的证据，都应该将业绩归还经纪人。

将合理的业绩归还给经纪人是对经纪人和中介公司最大的尊重！

（2）及时表彰，树立典范

渠道管理者可以根据每个月或者每一个销售节点，对中介公司的工作予以总结和表彰。表彰大会必须将合作的中介公司和经纪人全部聚集在一起，表现一般甚至是零成交的经纪人也要邀请到场。在会上，要将表现较好的机构及个人进行排名，排名的依据是导客量和成交金额，但只需要公布前五名即可。这样的做法不仅可以让表现较好的中介公司和经纪人有强烈的荣誉感，还可以让中介公司之间、经纪人之间产生对比和反差，进一步提升积极性。

对于表现最为卓越的个人，开发商可以考虑将其包装，以"经纪人的励志故事"、"你也可以年薪百万"等噱头进行业内宣传，让经纪人体会到无限荣光。

（3）其他方法

让经纪人受到尊重的办法还有很多，比如邀请业绩最好的经纪人到开发商营销部培训，让他们受到所有销售精英的尊重；有的经纪人梦想着可以进入开发企业，那么开发商可以在不违背道德和职业守则的情况下为经纪人开辟入职、晋升通道，让其在职业化的道路上发展得更好！

经纪人精神激励案例：

让每一位业绩优秀者成为讲师

笔者在2015年的从业过程中，打通了中介渠道，与市面上98%的中介公司合作，几千名经纪人为项目带看、成交。

其中让我印象最深的是，2015年9月份，有一名经纪人在一天之内成交了5套，开盘当月一个人成交了14套。这位经纪人引起了我的注意，盛意邀请他来营销部授课。

一开始他感到受宠若惊，谦虚地说：我只会导客，不会讲课，还是算了吧。但我依然没有放弃，和他单独聊了聊，发现他来自农村，靠着助学贷款完成学业，大学毕业之后找不到工作勉强进了中介公司，女朋友的家人因为他的现状拒绝两人继续交往，他为了赌一口气才暗下决心多卖房子。他刚接触中介这个行业时没有太多经验，天天搬个小桌子在人口密集区发传单找资源，第一年只卖了2套房子，没有想到第二年就有了这样的业绩……

我听了之后深为感动，对他说：就把你的故事讲给大家听吧！

后来，他硬着头皮同意讲课，一开始还结结巴巴的，结果越讲越好，我的其他员工也为这个小伙子的经历而感动。

紧接着，又有三名优秀的经纪人成了我们的讲师，他们的故事同样感染着我们，他们也在讲课中感受到了自身的价值。

2016年开春，我还想找那位小伙子聊聊，渠道部负责人告诉我，他已经拥有了自己的中介门店，还有了几名员工……我被震撼到了，说：他一定能成大事，和他聊聊合作的事吧！

经纪公司管理案例：

重庆金茂"千人分销模式"引爆全城

重庆金茂国际生态新城项目位于空港中央公园板块，紧邻重庆渝北中央公园，体量约80万平方米，产品包括高层住宅、叠加别墅、联排别墅、写字楼、主题商业等多种业态。

短短一个月的时间内，该项目完成了在陌生区域热销近200套高层、销售金额近1.6亿元的骄人业绩，73%的业绩来自渠道，现场到访近80%来自渠道导客。其中，该项目与经纪人的合作是项目成败的关键，那么，该项目营销负责人是如何管控经纪公司的呢？

1. 构建狼性核心管理团队

如此庞大的经纪人团队，金茂千人分销管控团队仅配备7人。整个金茂渠道团队采用"低底薪＋高绩效激励"的形式，5名渠道专员对应管理5家经纪公司，月度绩效直接按照任务完成比例考核，指标清晰透明，下不保底，上不封顶。同时，渠道专员与经纪公司命运直接绑定，同步采取末位淘汰方式。奖罚分明，最大化调动团队的积极性。

2. 只选不知名的小经纪公司

在确定"千人分销模式"玩法时，重庆金茂团队就明确了本次合作的单位，一定要与志同道合、愿意创新探索、先苦后甜的灵活性公司合作，而符合该条件的也只有一些名不见经传的小公司。同时这几家经纪公司之间要资源互补，各有所长，避免内耗。

比如本次销售业绩最好的一家分销门店整合平台公司，其成立还不到一年，老板是一名户外极限运动爱好者，公司员工仅10人左右。而其中一家渠道公司，更是名不见经传的地推公司，专注于竞品拦截和社区及专业市场的拓展。另外一家，其公司规模也几十人，该公司专注于针对重庆60多家母婴机构和区域内周边重点单位做拓客。

3. 三重重奖机制，激发经纪公司无限潜能

客户交电商费12000元，可以抵冲房款50000元，经纪公司每月完成1~19套，可

得9000元/套佣金；完成20～39套，可得10000元/套佣金；完成40套及其以上，可得12000元/套佣金。

在千人分销誓师大会上，各家分销公司经纪人到场超过1000人，每人必须交100元众筹金才有资格成为项目的拓客专员。1000名经纪人众筹形成10万元奖金池，最终按照60000元、30000元和10000元直接奖励当月业绩前三名金牌经纪人。按照当月成交15套来计算，在重庆市场上唯一能实现月薪超过20万元的梦想只有金茂国际生态新城。

此外为调动经纪人众筹的积极性，交100元众筹金的经纪人都可以享受开发商额外现金奖励。经纪人月成交1～4套，开发商额外奖励2000元/套；成交5套以上超过的部分，直接奖励4000元/套。

3月31日晚上10点，距离业绩统计截止前2个小时，仍有经纪公司为了冲刺实现最后一套的跳点任务而拼搏。更有经纪公司为了完成40套跳点任务，在最后一天，公司两位负责人分别买了一套，这既有经纪公司对金茂项目发自内心的认可，更有对完成跳点任务，追求收益最大的无限渴望。好的激励机制，激发人的无限潜能。

注：其实开发商额外奖励的奖金池恰恰是来自于部分经纪公司未完成40套任务下给开发商返还的佣金（未完成任务经纪公司只能收取9000～10000元/套佣金）。

4. 每周管理措施的迭代

分销团队这么多人，管理问题就成为本次创新模式成败的决定性因素。从分销公司周例会制度到周任务偏差经纪公司负责人约谈机制，从每天分销业绩动态排行榜到每周后评估定向帮扶机制，从企业拓展客户保护期延长措施到单周任务负责人现金对赌游戏，几乎每周都有各种管理措施出台，并在原有机制上不断优化和迭代。

例如，在第二周后的评估数据分析发现某远郊竞品拦截到访转化率高但到访量不足，团队立即设置专项到访奖励措施；第三周天气预报预测未来三天连续阴雨天气，团队立马组织雨天特殊折扣促销方案，组织经纪公司加大电话邀约力度。此类的灵活调整措施，金茂团队每周至少会出台两到三个，灵活管理措施的迭代优化，最大化支持经纪人带客成交。

5. 分销奖励周结，每周举行经纪人奖励大会

佣金这个话题是每个置业顾问的痛，算好的好几万元的佣金都是数字不知道何时能拿到手，当然除了流程的问题就是公司部分部门对营销团队的不重视。在金茂，每

周日下午6点销售中心都是人满为患，这一天像过节一样，每周固定组织经纪人奖励大会。针对当周带访量排名前10名的经纪人，会奖励保温饭盒、暖水壶、电影票等小礼品；针对当周有认购的经纪人，以随机抽奖的形式奖励冰箱、微波炉、电烤箱等大家电实物；针对当周有签约的经纪人，兑现奖励2000元/套现金，针对经纪公司的佣金，金茂也是第一时间发放。

对于千名经纪人来讲，奖励兑现的及时性更是直接激发了大家冲刺的热情，周周有奖励，天天在冲刺。

6. 强势的微信群管理

为了解决庞大机构管控的灵活性和信息传递的效率，按照金字塔的层级，金茂团队组织成立了千人分销指挥部、分销管理层业务群、各分销单位经纪人群、金牌经纪人群等多个不同纬度的微信群。

微信群必须是修改为"分销公司＋实名"，每天发群规@全体、群管理员私信提醒、群友相互提醒，一周之内仍不按照群规矩修改的经纪人直接踢出群。

每两个小时定时公布经纪人成交信息，每天公布金牌经纪人排名与经纪公司排名情况，每周发布当周数据报告。通过每天规律性发布让经纪人每天养成固定时间看群消息的习惯，让经纪人每两小时有一次兴奋点，金牌经纪人与经纪公司每天都会担心自己排名下滑，同时金茂通过每周的数据分析报告来帮金牌经纪人、经纪公司直观地找到数据差距的原因和改进的方法措施。

金茂此次创新的营销模式，小公司的大胆选择，经纪人众筹游戏的探索，任务跳点激励政策的制定，金茂团队严格的管理制度，以及整个团队游戏规则不断迭代的冲劲，都非常值得业界学习。在重庆区域板块竞争如此激烈的情况下30天热销1.6亿元是个奇迹。

7. 强势的惩罚淘汰管理

关于分销团队和内部置业顾问的"勾结"问题以及分销人员在外围的截客问题，金茂是这样解决的：

所有的分销都有5万元的保证金，在分销的大会和内部的置业顾问大会上每次都要强调，一旦发现"勾结行为"分销公司至少被罚款20000元，置业顾问立马会被人事部约谈；对于外围的截客并没有百分之百的防范措施，也同样是用惩罚的手段，售楼部周边范围如主干道、案场附近等举牌截客的发现一起同样是处罚保证金20000元。

销售业绩的背后，离不开营销团队敢于创新、探索的勇气，而且该模式更是实现了多方共赢，利益共享，共同冲刺的局面，此次渠道模式的创新在重庆乃至全国地产行业俨然树立起了新的标杆。

心法六：
如何让编外经纪人成为带客、成交的利器？

编外经纪人是全民营销中最重要的组成部分，广义的"编外经纪人"包括了中介经纪人、老客户和其他一些营销体系之外的人，关于中介经纪人我们在"心法五"中已经详细阐述，关于老客户的维系这已经是老生常谈的问题了，这里就不做详述。本节重点谈的是狭义上的"编外经纪人"，就是除了这二者之外而又为项目营销提供帮助的人。

哪些人可以成为我们的编外经纪人呢？《房地产渠道管理一本通》一书中我们认为有六类人群最有可能成为编外经纪人（如图3-4所示）。

上图中每个类别只是列举了两个例子，如"销售类"，除了汽车销售员、奢侈品销售员之外，凡是从事中高端商品销售（诸如茶叶销售、珠宝销售）的人都可以考虑发展。

但是这些人毕竟属于"编外"，我们很难用制度去管理，更无法去量化考核，所

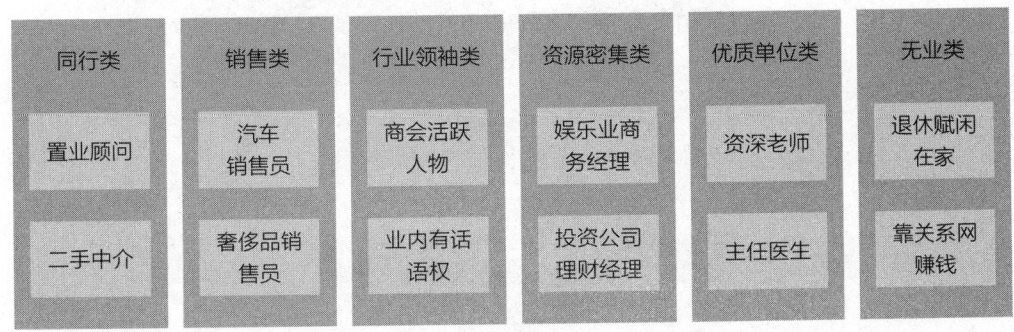

图3-4　可能成为编外经纪人的六类人群

以在渠道管理中，编外经纪人的维护以及促进有效成交方面往往具有很多的不确定因素。

在管理编外经纪人方面我们要遵循三个原则：维护情感化、激励频繁化、兑现快速化。在激励方面，方式与方法和中介经纪人差不多，而本节则重点谈一下"维护情感化"问题。针对编外经纪人的维护要比中介经纪人复杂得多，因为他们并不是利益驱动型的群体，而且普通的人性化维护根本打动不了他们。

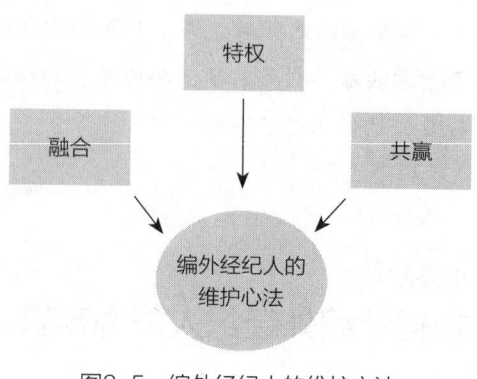

图3-5 编外经纪人的维护心法

我们认为，要想做好编外经纪人的维护工作，能够让他们带看客户并且协助成交需要遵循六字心法（如图3-5所示）：特权、融合、共赢。

1. "特权" 是尊重的实际表现

编外经纪人分为三大类型：赚钱型编外经纪人、名利双收型编外经纪人和领袖型编外经纪人。对于一些利益驱动型的编外经纪人通过提升佣金是可以解决问题的，但是有很大一部分群体并不是冲着奖金去的，在此情况下，为他们设置一些"特权"就显得极为有效了。

特权，代表的是尊重，是客户体验感的最高境界，那么，哪些资源可以成为赠送给客户的特权呢？如图3-6所示。

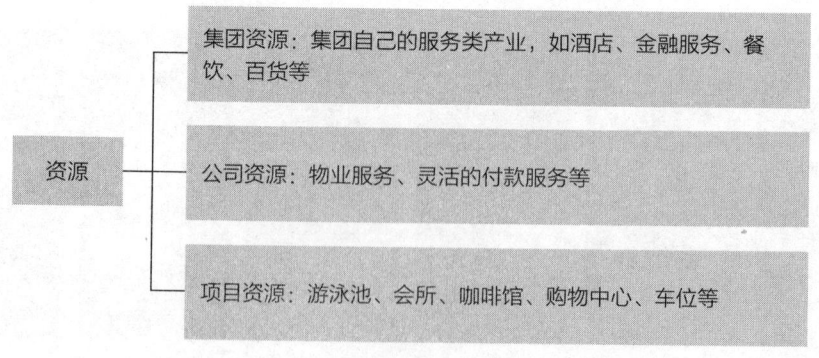

图3-6 可以成为编外经纪人特权的开发商资源

（1）集团资源

对于一些大型房企，可以整合集团下属产业的所有资源，形成一个资源包，为编外经纪人提供生活中的"特权"。如果集团有自己的酒店，可以拿出一些铂金卡发放给经纪人，享受贵宾待遇；如果集团有自己的百货公司，可以将表现不错的经纪人纳入VIP客户资源库，进行重点维护；如果集团有自己的银行，可以为有需求的经纪人提供定制化的金融服务……因为这些资源对于公司来说成本并不高，但是将这些"特权"交给经纪人，其效果是非常不错的。

（2）公司资源

在城市公司或项目公司层面，我们很多合作方提供的资源可以利用，如物业公司可以为客户提供定制化的服务或者是直接赠送物业费等形式；对于购买我们项目的客户可以提供较为灵活的付款方式；公司的高层领导，诸如总经理、副总经理、营销总监等不定期地拜访一些对项目有特殊贡献的编外经纪人，增强他们对开发商的企业认同感。

（3）项目资源

项目上的资源就更多了，比如将项目的配套会所、游泳池、咖啡馆等作为特权进行赠送，优秀的编外经纪人可以免费过来消费，比如为他们提供免费的停车位等。

但是这些资源的付出并不是一蹴而就的，就像我们维护老客户一样，要进行分级管理，具体管理方式（如图3-7所示）：

图3-7中的四大原则非常重要，尤其是第二点，要将所有资源进行合理分类，并且设置诸如银卡、金卡、铂金卡三种不同的"特权套餐"，让编外经纪人更加有动力

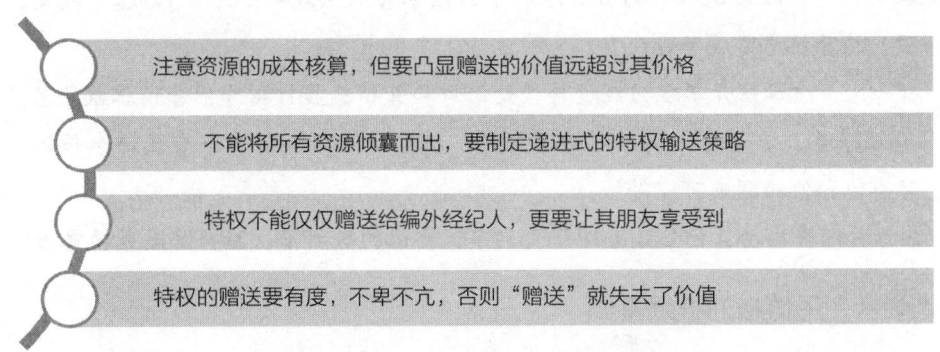

注意资源的成本核算，但要凸显赠送的价值远超过其价格

不能将所有资源倾囊而出，要制定递进式的特权输送策略

特权不能仅仅赠送给编外经纪人，更要让其朋友享受到

特权的赠送要有度，不卑不亢，否则"赠送"就失去了价值

图3-7 赠送特权给编外经纪人的四大原则

去帮助我们导客和成交。第三点所述的"特权不能仅仅赠送给编外经纪人本人，更要让其朋友享受到"，这一点是为了充分满足客户的虚荣心而设，更是为了扩大项目在客户朋友圈内的影响力，使其成为我们下一个编外经纪人。

赠送编外经纪人特权的案例一：

上海某项目用豪车为客户提供代驾服务

上海有一高端项目在2015年制定了一个客户回馈计划，该计划适用于所有已购业主和优秀的编外经纪人。该计划的具体内容是，只要特定的客户自中午12时到晚间12时内拨打电话，开发商将派出至少为奔驰E级的车型为客户提供免费的代驾服务，而且所有驾驶员必须经过挑选，身着制服，佩戴白色手套，接到客户时要大声地向客户及其朋友们问好：您好，××项目竭诚为您服务！

一开始，很多人以为高端客户都有自己的驾驶员，不会使用代驾服务，事实上一开始执行的时候也的确遇到过类似的尴尬，但是几位客户体验完之后，"单子"接踵而来，一时间成为上海高端圈层内的佳话。

赠送编外经纪人特权的案例二：

某高端客户因停车特权促成21套房屋成交

每一个售楼处都有专属的停车场，有一位私营业主家财万贯，无意间认识了一位渠道人员，并且在渠道人员的努力跟进下，该私营业主成功介绍了5名客户成交，于是和项目的营销总监成了好朋友。

有一次，该客户开车碰巧经过售楼处门口和营销总监打招呼，营销总监见客户一时间不好停车，于是对他和身边的保安说：以后在停车场留一个专属停车位给××总，只有他和他的朋友可以停！

该客户深受感动，朝售楼处跑得更勤了，在他的努力下，21套房屋成功售出！

2."融合"是情感的维系基调

每个人都有自己的圈层，编外经纪人的"朋友圈"也许不是最高端的圈层，但是

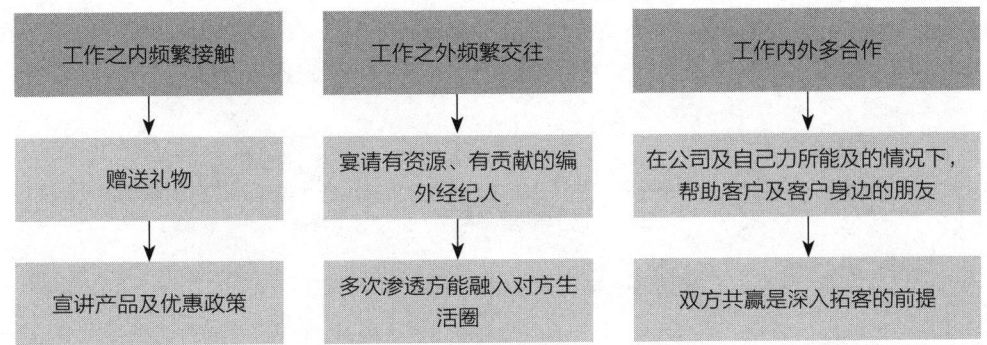

图3-8　与编外经纪人"融合"的三项工作

这些编外经纪人长期从事圈层的渗透工作，只要我们的渠道人员进行有效的融合，他们的圈层也是可以为我们所用的。

与圈层营销不同的是，编外经纪人在情感维系方面主要需要做好三项工作（如图3-8所示）：

（1）工作之内频繁接触

平时拓客过程中，渠道专员要频繁地与编外经纪人接触，多方面了解他们身边客户的动向，对于有价值的信息要尽快获取和跟进。只是在接触过程中不要忘记赠送一些小礼物，拉近彼此的距离，同时要将近期项目的动向和优惠政策向编外经纪人宣讲，这样编外经纪人才可以做到有的放矢。

（2）工作之外频繁交往

中国人注重礼尚往来，在工作之余渠道人员要多注意非工作层面的接触，对于有资源、有贡献的编外经纪人要多宴请，规格不一定要高，氛围尽量轻松愉悦，反而会与对方增进感情，当然，要更加欢迎他们身边的朋友参加，这样可以快速地融入对方的生活圈。

"工作内外多合作"提倡的是"共赢"思维，无论是编外经纪人应得的转介费，还是上升到公司层面的合作都应该优先考虑编外经纪人。

3. "共赢"是合作的长久手段

很多编外经纪人本身就是身处要位的人，或者他们背后的组织是相对资源强大的集团。我们在做到了"特权和融合"的前提下，与他们开展各种各样的合作也是维护

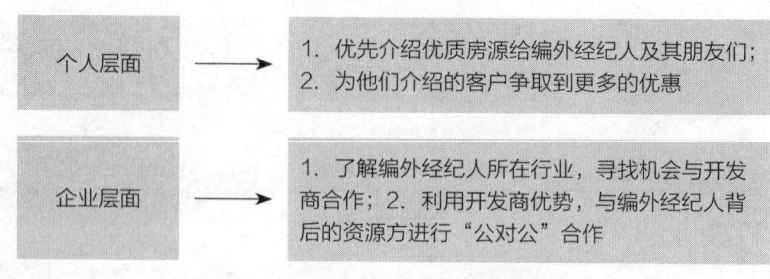

图3-9 与编外经纪人合作的两大层面

编外经纪人的有效方式。具体有两大举措（如图3-9所示）：

（1）个人层面的合作

编外经纪人身边的投资类客群较多，因此，他们非常注重"信息"的收集，一旦有性价比较高的房源，他们都会兴趣倍增。我们在拓客过程中，要抓住这一特点，事先挑选较好的房源专门推荐给编外经纪人，并且将房源优势阐述清晰。只要他们的朋友们得到了"实惠"，他们也会得到心理上的满足感，自然愿意继续帮助你推荐客源。

（2）企业层面的合作

企业层面的合作就更多了，如果编外经纪人本身就是某单位负责人，可以考虑在该单位组织团购活动，如果团购过于功利化，可以先采取赠送员工福利的方式接洽；如果编外经纪人只是某单位的员工，可以考虑与该单位进行"公对公"合作，如该编外经纪人是汽车4S店员工，那么可以在售楼处做几场名车推荐会，所有业绩归该经纪人所有；如果该编外经纪人是理财经理，可以在售楼处组织理财讲座，双方客户共享。

与编外经纪人合作互赢的案例一：

某私营业主推荐客户只为朋友

在操作某高端项目时，笔者认识一位身价数亿的私营业主——王总。

王总性格爽朗，江湖做派，广交朋友。同时，他也是不动产投资的疯狂爱好者，全国投资的房产不下百套。

一开始，他不是我的业主，仅仅是通过一场活动认识的，后来他通过我的介绍，在项目购买了一套性价比不错的房子。

结果，正是这套房子成了我们关系的转折点……

他开始不断地与我接触，深入获得项目信息，每一个户型都烂熟于心，后来他源源不断地介绍很多朋友过来购买。他告诉我，公司的转介费他一分钱都不要，但是每一套房子都要对得起他的朋友们，这是他继续介绍客户的前提。

于是，我安排渠道人员不断与其接触，每一套房源我都要亲自过问，甚至我们还根据他朋友的自身情况推荐合适的房源，制定个性化的置业计划。

正是如此，在短短的半年时间内，他这位优秀的、免费的编外经纪人为项目带来了12为客户，成交率100%，销售总金额达7000多万元。

与编外经纪人合作互赢的案例二：

某广告公司老板成为免费编外经纪人

开发企业的活动是非常多的，普通开发企业平均每年活动20场，像融创、碧桂园等企业大大小小的活动每年近百场，这些活动都需要广告公司的配合。

某日，一家广告公司的老板来到售楼处，他的本意并非来寻求合作，而是购买一套投资房，在置业顾问的努力下，该老板买了两套价值400余万元的房子。

这一信息被项目营销负责人获知了，仔细向置业顾问询问了该客户的情况。

后来，营销负责人为了寻找优秀的广告工作合作，特意让策划部经理向该广告公司老板发出了招标邀请函。经过一系列负责的招投标、公司考察等环节，该广告公司顺利进入开发商合作资源库。

正式开展合作后，项目营销负责人道明了原委，希望广告公司老板可以多帮助项目介绍客户，该老板欣然应许了。

一年下来，该广告公司接了项目约40%的活动业务，介绍的客户达30人之多，成功购买的占50%左右，成交金额超过亿元。

年底时，营销负责人宴请合作单位，该广告公司老板开玩笑说：我做了你们不到200万元的业务，但是却带来了上亿元的销售额，是不是中国最好的合作商？

资源合作心法

资源合作，是渠道营销中最有效的手段之一。它不仅可以大幅度地压缩营销成本，还可以方便快捷且精准地找到潜在客户。但是资源毕竟是珍贵的，资源方不会轻易与我们合作，更不会无偿提供给我们，本章我们就这一问题进行深入剖析，寻找解决之道。

4

心法七：
如何让优质资源方把最好的资源给你？

自渠道营销风靡房产界开始，营销高管们开始注重资源的嫁接，以期望换取相对优质的客户资源，但我们发现，在实际操作过程中大部分管理者会犯这样三个错误：第一，希望通过适当的"投入"换取资源，甚至在与媒体合作的时候还希望进行资源的导入；第二，换来的资源已经被别的公司或项目"洗"了好几遍了，资源的有效性在逐步减弱；第三，好不容易把客户资源拿到了，或者与资源方也达成了合作，但是不知道运用何种方式将资源转化为"成交"。

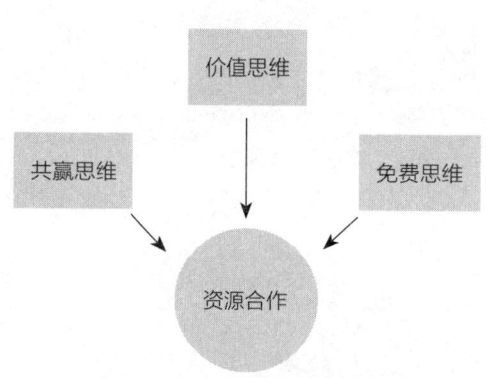

图4-1　资源合作洽谈须遵循的三种思维模式

在"互联网+"时代，战略合作已经不再是什么新鲜事了，甚至导致了"资源泛滥"的乱象。但是我们并不能放弃与资源方的合作，毕竟，这依然是有效的渠道营销模式之一。那么，在这样的乱象之下，怎样让优质资源方将最好的资源与我们共享呢？

在资源合作洽谈中，我们必须要有三种思维模式（如图4-1所示）：

这三种思维其实很简单，总结起来就是一句话：以双方互惠互利为基础，通过相同或相等价值的交换且双方满意，在尽量压缩成本的情况下达成合作。

说起来容易做起来难，我们建议要有如下具体举措：

1. 充分了解资源方客户资源的优劣

不是所有的资源都可以与项目匹配，在决定和某些资源合作的时候，一定要做好前期调研工作，调研的项目主要有以下四个方面（如图4-2所示）。

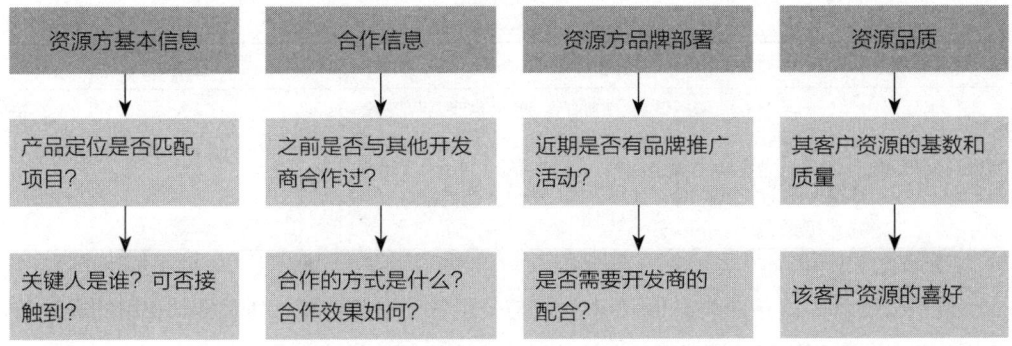

图4-2　需要深入调研资源方四个方面的内容

大家都知道，寻找到与项目品质相匹配的客户资源，并且将客户导入售楼处是渠道资源合作的最终目的，如果不了解图4-2中的所有信息，我们根本无法介入。因为有的资源方相对强势，出于对客户的尊重和珍惜，不轻易组织客户到售楼处参与活动，在这个时候我们需要充分了解资源方平时维护客户的手法，再通过开发商策划思路的调整，尽量做到与对方吻合。

还有的资源方本身就是我们的客群，在这个时候我们需要找到关键人，了解客户的喜好，制定有针对性的导客策略。

经过以上的调研之后，我们开始着手第二步工作。

2. 发动一切内部资源形成"资源价值包"

首先，我们在资源合作洽谈时不要忘记一个重要砝码：开发商也是资源方，而且是优质资源方。作为营销高管或渠道部管理者，在部署与资源方合作拓客之前，必须要搞清楚"我有什么"这个问题。我们在"心法6"的图3-6中粗略地列举了开发商拥有的资源，在这里，我们在通过下表列明详细的资源清单。

开发商资源清单表　　　　　　　　　　　　　　　　　　　　　　　　　　　　表4-1

资源层次	资源清单	注意点
集团附属产业资源	（1）餐饮类：用餐折扣卡；（2）酒店类：酒店 VIP 待遇；（3）金融类：银行 VIP 服务；（4）便捷类：出国服务等	有些资源需要城市公司向兄弟公司购买
城市公司资源	（1）业务合作；（2）城市范围内的品牌活动	需要公司成本部、招采部的配合

续表

资源层次	资源清单	注意点
项目自身资源	（1）会所类：包括健身、咖啡厅、游泳池等免费服务；（2）活动类：邀请名人所带来的品牌效应；（3）策划类：为专属资源定制的回馈类活动；（4）其他配套：如社区医院等；（5）客户资源：包括已成交和未成交客户	自身优质的客户资源是最重的合作砝码

营销管理者需要按照表4-1的要求尽快与公司各个端口对接，列明可以利用的资源清单，并且要搞清楚使用该资源可能会发生的成本和风险，如果成本在可控范围内，且该项资源经过评估可以成为吸引对方的重要砝码，要立刻采购；如果成本较高，则不予考虑。

3. "资源价值包"的包装与制作

解决了"我有什么"之后，下一步需要解决的是"如何让资源更有价值"问题，因为只有让自己的资源更有价值，才能获取对方更有价值的资源，这就到了发挥策划部聪明才智的时候了。

首先我们要对资源清单进行分类，将无成本或低成本的资源作为"基础资源"，这些资源可以大范围赠送，甚至是一些无购房意向的人都可以享受到；如果资源成本达到项目平均来人成本的，该类资源视为"B类资源"，拓客专员一定要定点、择人发放；如果资源成本较高，该类资源视为"A类资源"，只有相应的VIP客户或为项目做出贡献的人可以拥有；如果有些资源需要定制，如为某企业定制一场观影活动或亲子活动，这属于"机动类资源"，根据拓客人员与资源方洽谈的情况再做考虑。

在对以上资源进行包装时，一定要以"大礼包"的形式进行包装，如免费的游泳卡，要制作精美、材质精良、定制礼盒，增强资源包的厚重感，切不可将所有的资源融合到一张卡上。如果资源方要求制作电子"资源卡"，也要采用微信"H5"的形式包装到位。

有了厚重的"资源价值包"，拓客人员就有了与资源方谈判的砝码，才能做到与资源方价值的互换。

4. 洽谈合作需要秉承"免费思维"

传统的很多商家为了吸引客户会推出"打折卡"，现如今这类形式的促销方式已经得不到客户的认同了。开发商在和资源方合作时，如果也以"打折卡"的方式合作，导客的效果一定是不明显的，因此，拓客人员在洽谈时一定要秉承"免费思维"，即资源商家的客户持开发商提供的资源包享受到的是一定是免费的服务和免费的实物，同样，开发商推荐过去的客户到了资源商家那里，也同样要获得免费的服务和实物。

如我们和某商城谈合作，商城的VIP客户来到项目会所里享受到一杯免费的咖啡，享受到十次免费的游泳体验，那么我们的业主到了该商城也要享受到免费的礼品赠送等。

如果我们和资源方洽谈为他们的客户定制一场活动，参与必须是免费的，但是我们可以提高客户的参与门槛，比如一定要到售楼处领取邀请函，而且需要留下真实的姓名和联系方式。

5. 合作形式要秉承"共赢思维"

有些资源方出于对品牌的保护，不会动用自己的客户资源，在这样的情况下，我们可以采取"公对公"的合作，也就是我们常说的"异业联盟"。

在上文我们说到，开发企业就是一个巨大的资源库，尤其是项目已成交和未成交的客户往往是资源方最看重的。

资源合作共赢案例：

苏州特斯拉成为资源合作赢家

2015年4月18日，苏州丰隆城市中心项目携手特斯拉中国为广大客户举办了一场以"特立独行 御风而驰"为主题的极速试驾之旅。这是"光速超人"特斯拉P85D在苏州的首次试驾之旅，也是世界尖端汽车与世界第3代豪宅的一次巅峰对话！

4月18日一大早，接待会馆停在绿坪上蓄势待发的三辆特斯拉成为今天最夺目惊艳的迎宾礼仪；在车模的展示中更透出时尚风范，这一切在这个充满速度与激情的大美天地中，倍添城市新贵之风。

活动在特邀而来的小提琴演奏中正式开启，本次活动丰隆城市中心同时特邀中天财富理财机构高端理财客户参与试驾体验，正式的试驾活动还未开始，被称为世界最快的特斯拉P85D，周边始终不断地更换着欣赏的人群。特斯拉被誉为"下一个革果"，由划时代的理想主义者领袖所创建，倡导绿色环保的科技理念，这与丰隆城市中心项目绿色科技住宅的理念不谋而合，因此也是隆廷选择特斯拉合作的初衷。

本次特斯拉试驾活动赢得了试驾参与客户的一致好评，不仅能让客户进一步了解丰隆城市中心的生活格调，更能让业主体会到社区未来生活的氛围，为业主带来更多的精神享受和增值服务。

值得一提的是，特斯拉在这次活动中收获颇丰，现场有三位客户签署了订单，活动之后前去特斯拉展厅的客户还有十余位，这样的情况让特斯拉销售负责人喜出望外。

经过这次合作之后，特斯拉成为该项目长期合作单位，在后期，特斯拉的客户也成了他们的共享客群。

6. 获取客户之后的持续跟进

资源类客户是渠道部和策划部费尽心思倾公司之力获取而来的，自客户进入售楼处留下姓名和联系方式开始，或者是资源方的客群开始享受开发商提供的服务开始，我们就应该将其当作"准客户"来维护。

资源类的客户有别于自然来访客户，他们来访售楼处是被动来访；也有别于普通的渠道拓展客户，他们来访售楼处的目的可能不是买房。因此，资源类客户的筛选和跟进将是渠道部工作的重心。我们认为，应该从以下五个方面来筛选（如图4-3所示）：

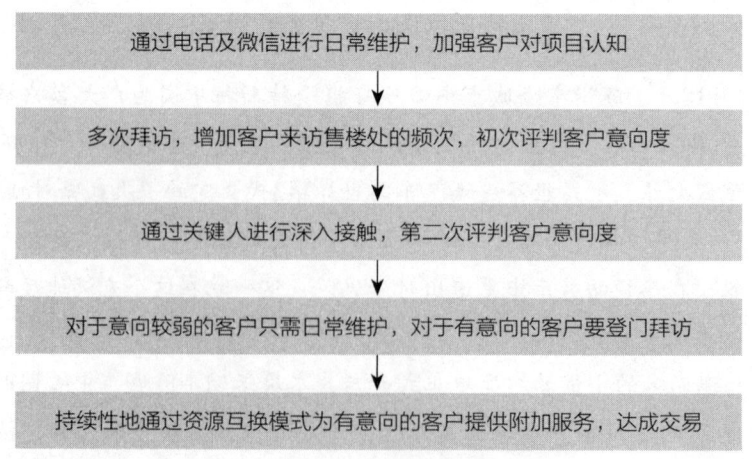

图4-3　资源类客户的筛查过程

7. 资源方的持续维护

开发商在与资源方合作完毕之后，无论效果如何，一定要对合作的过程进行总结和分析，不断完善与修正合作的方向和深度。

如果客户资源较好，或者该资源方对项目的品牌宣传有一定的帮助，就应该着手于下一步的合作，因为通过资源合作形式导入的客户成交率不会很高，成交周期要比自然来访客户长两倍以上，这也是很多营销高管武断评判资源优劣的主要原因。

要知道，在资源的互换过程中，开发商付出的来人成本是很小的，加之客户是被动式的来访，不可能立即产生业绩；而且资源方在初次和开发商合作时，也是带着试试看的态度在合作，奉献出最优质的资源基础是双方合作的愉悦性。

资源合作反面教材：

成都某开发商资源合作成交惨淡

2016年年底，笔者曾经去成都上一堂房地产渠道营销的公开课，课后，一位营销总监和我聊天，把资源合作这一渠道营销模式痛斥了一番，他说：渠道的同事很给力，谈资源能力很强，一年下来洽谈的高端商家一百多家，活动搞了五十多场，竟然是零成交。

当时我也很奇怪，这么密集的活动应该是有成交的，但由于时间有限，我留了电子邮箱给他，让他把这些活动的策划案打包发给我一份。

一周后我收到了邮件，压缩包里竟然有几十份策划案，随便打开一份，发现活动的规格、客群的层次都没有问题。最后我打开他们做的"一年渠道与策划工作回顾"文档，里面有五个页面画的是资源合作时间轴，我发现每个资源方都合作了一次……

这就是典型的"为了合作而合作，为了活动而活动"，销售动作几乎是零，自然是零成交。

心法八：
如何巧妙借助资源方以较低成本带来更大的效益？

在渠道拓客过程中，我们常常会遇到这样两类资源方：第一，有强大的背景，不轻易或拒绝与地产商合作；第二，资源非常好，如果合作需要动辄几十万元甚至上百万元的费用支持。这显然与我们提倡的渠道拓客精神是相悖的，那么，面对强势的资源方，我们的渠道人员应该如何巧妙地利用资源方以较低的成本达成合作呢？

在这里，我们向大家介绍四种常用的方法（如图4-4所示）：

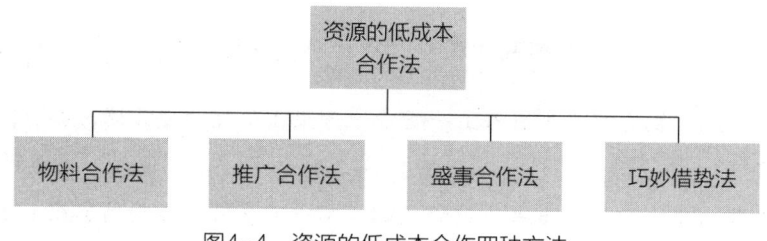

图4-4　资源的低成本合作四种方法

1. 物料合作法

物料合作法是资源合作的最常规方法之一，资源方虽然强势，但是不会拒绝"赞助"，如有的高端餐饮需要大批量的餐巾纸，有的商会活动需要伴手礼，有的银行VIP客户联谊会需要场地和餐饮赞助，还有的民间组织举办活动时需要物料支持，在这个时候，渠道拓客人员就应该找到资源方为他们提供相应的物料支持。

但是在提供物料支持之前，需要做好两件事：第一，要搞清楚资源方的客群层次；第二，要注意成本的控制。

比如融创的项目所到之处，公司要求以项目为中心，半径三公里内所有的高端餐饮店都要作为"攻击对象"，为每家店提供制作精美的纸巾盒，尽量让商家同意在进门的明显区域放置宣传物料。

再比如融创的苏州新区"狮山御园"项目，营销高管要求渠道部在输送礼品之前，必须搞清楚资源方参会的客群、人数、所在区域，并且要求在资源方举办活动的场地布置展位，渠道人员在活动举办前后亲临展位，为客户提供购房咨询，尽可能多地获取客户的联系方式。

2. 推广合作法

众所周知，在地方性的媒体中，有两大行业的媒体投放力度是最强的：地产和银行。而现在很多商家也提出了"联盟推广"的构想，尤其是想借助于地产商雄厚的财力以及在区域城市的媒体影响力为自己的品牌增强曝光度。

根据经验，知名购物中心、品牌车商、部分奢侈品这三种商家乐衷于此，渠道拓客人员可以从这方面入手。不过，"联合推广"的确是好事，也是促成双方进一步合作的有力保障，但我们在和这些商家合作之前必须"约法三章"：第一，约定客户资源共享，至少要有一场活动的客户资源由商家提供；第二，约定商家的LOGO可以在开发商相关物料上使用，便于提升自己的品牌影响力；第三，约定双方联合组织至少一场的活动，且开发商可以免费使用商家提供的部分商品。

"推广合作法"案例：

玛莎拉蒂首次牵手苏州某高端项目

2015年6月20日，苏州某高端项目举办了一场主题为"玛莎拉蒂之夜"的名流光影派对，现场展示了三辆玛莎拉蒂顶级车型，80名玛莎拉蒂车主以及100名该项目业主欢聚一堂，共享光影之夜（见图4-5）。

这在业内引起轩然大波，因为在此之前，玛莎拉蒂在苏州从未和任何开发商合作过。有人猜测，开发商为此付出了高额的品牌使用费；还有人

图4-5 玛莎拉蒂与苏州某项目的跨界合作

猜测开发商支付了车辆的租赁费用，80名车主纯属子虚乌有。

后来该项目营销总监道出了奥秘：此次活动开发商没有向玛莎拉蒂支付任何费用，80名车主的确是4S店的高端会员，玛莎拉蒂之所以愿意与开发商合作，是因为在近阶段的推广中，项目任何形式的推广都必须包含玛莎拉蒂的品牌宣传。

此次成功的导客，堪称"推广合作"的经典案例！

3. 盛事合作法

开发商为了提高项目知名度和美誉度，经常会借助政府、媒体等资源举办盛事，此事盛事因关注度高、规格高、参与度强等优点往往得到商家的青睐。

遇到类似的盛事，渠道部门应该立即行动起来，广泛联系与此次盛事的主题相贴切的资源商家洽谈合作，"拉赞助"是次要的，主要的是要吸引资源商家输送客户，既增强了盛事的参与性，又能将目标客群吸引过来，一举两得。

"盛事合作法"案例：

苏州金鸡湖投资论坛吸引资源商家客户千余名

2015年夏，苏州某开发商举办了金鸡湖投资论坛，此举的目的是吸引苏州高端投资客户，因为该开发商开发的40年产权的投资性产品正式面市。

为了搞好此次活动，开发商特邀独立经济学家出席并发言，同时还邀请了克而瑞的专家学者、银行投资理财专家以及豪宅研究院的副院长参会。

项目营销负责人向渠道部下达了导客1000人的目标任务。

1000人好找，但是要找1000名投资客的确是难度超大！

渠道部利用经济学家、理财专家、豪宅专家等名人效应为"诱饵"，与苏州各大基金公司、投资公司、证券公司、银行大客户部、保险公司等机构取得联系，并且以"设置演讲嘉宾"、"赠送现场展位"为利益点，希望各大机构协助导客。

论坛当天，活动来人取得了意想不到的效果，大约1000人的大厅挤满了1400余人，主办方临时加座也无法满足需求，活动取得了空前的胜利。

1400名高端投资客户到场，1400个颇具价值的电话号码也被渠道部收入囊中！

4. 巧妙借势法

最后，我们来说说最让渠道人头疼的资源方：希望通过高额赞助才能合作的资源方。

作为渠道人我们要明白一个道理：渠道营销的出现是房地产时代的产物，是房地产企业面临日益激烈的竞争压力的前提下孕育而生，这一营销模式有个最大的优点——虽然并未节约营销费用，但大大地降低了费效比！

在2007年之前，笔者还见过有些土豪开发商愿意一掷千金冠名某活动，但在这几年里，此类事情鲜有发生，因此，任何一个企业都不会允许渠道部通过高额的费用导入客户的。

但是面对某些强势资源，面对如此诱人的优质客户，作为"渠道精英"却没有丝毫办法，的确让人心有不甘，那该怎么办呢？"巧妙借势法"倒是可以起到一些作用：比如资源商家开演唱会，我们能否通过门票入手？比如资源商家召开品牌发布会，我们能否通过外围广告入手？比如资源商家举办客户联谊活动，我们能否通过附近的场地入手？

总有一些"缝隙"是可以被我们利用，总有一些机会是被我们获取的，只不过在"借势"之前我们要考虑四个原则：第一，必须在法律法规允许的情况下开展行动；第二，我们的"借势"必须要符合行业规范和职业操守；第三，绝不可以损害资源商家的利益；第四，充分考虑"借势"风险，事先做好一切规避风险措施。

"巧妙借势法"案例：

济南财富中心项目花2万元"赞助"汪峰演唱会

2015年7月25日，汪峰"峰暴来临"演唱会济南站在奥体中心火爆开唱，摇滚天王携同世界顶尖团队为歌迷们带来了一场摇滚激情盛宴，掀起仲夏最强风暴！不幸的是，以"头条哥"著称的汪峰，再一次被抢头条了！

汪峰演唱会当天，济南朋友圈被"财富专车"一夜刷爆；演唱会结束，数百名出租车司机在奥体中心等候了几个小时，却眼睁睁看着大波歌迷们上了财富专车，欲哭无泪。

这到底是怎么回事呢?

据说这一切幕后的操作者是济南"财富中心"渠道团队,整晚调动了一架航拍机、几十辆大巴、数百名派单人员、数千名网络推手进行事件操作,可谓2015济南最牛地产借势营销事件。

事情的经过是这样的……

作为毗邻奥体中心的都会综合体豪宅,财富中心已经在首期开盘实现济南豪宅史上"套数+金额"双料销冠,接下来的传播任务是:地缘客户基本吃透,通过事件营销和社会化传播,进一步提升项目知名度,大幅度增加财富中心的知名度与品牌声量,影响潜在客群。

这时,大家得知著名摇滚唱将汪峰将在7月25日召开演唱会,主办方喊出了200万元的高额赞助费,面对这样的情况,很显然开发商是很不愿意出这笔费用的。

经过调研、分析,得知演唱会当天将会吸引4万人左右到场,且年龄基本在70后、80后,这与财富中心的目标客群基本相符,借势是必需的。而如此大型演唱会,当天势必会有别的品牌或开发商借势,如何在本次事件中杀出重围是关键。

经过苦思冥想,大家突然想到奥体中心每场演唱会之后都会出现"一车难打"的现实情况,于是,接歌迷回家的"财富专车"想法应运而生。

渠道部负责人为了将"借势"运用到极致,和策划部紧密合作,做出了如下部署:

第一步:前期抢票预热

7月20号,"财富中心助力汪峰演唱会"10张门票免费抢活动上线。从微信到论坛等多个平台,全方位进行"记歌词,赢门票"抢票活动宣传。

"记歌词"抢票活动在论坛、网络、微信上线以来,引起网友热议,抢票峰迷便刷爆了微信后台,从7月20日~23日短短四天时间,就收到了10000+答题数据,吸引4000+粉丝参与,积累了良好声势。

第二步:10辆"财富专车"到位

活动当天的13:30,10辆大巴组成的财富专车已停靠在奥体中心北门,这是最容易让歌迷找到的有利位置。成功抢占车位后,为了增加辨识度,在每辆车两侧贴上横幅,并加上线路指示牌。

第三步:100名"小蜜蜂"到位

15:00,100位勤劳的"小蜜蜂"统一换上"财富黑衣"(衣服上印有项目

LOGO、二维码、电话号码），并带好装备（指引牌），准备出发。

17：00，100位"小蜜蜂"手举看板，展开声势浩大的巡游，喊出整齐口号："财富专车，送你回家"，同时向歌迷派送"财富专车券"。

第四步：渠道人员进入演唱会现场

几十名渠道人员进入演唱会现场，分为若干个组团坐在观众席上，演唱会开始后，同时举起横幅，上面写着："财富中心 支持汪峰"。考虑到演唱会持续到11点，他们还特意做了发光字。

第五步：迎接回家的歌迷

23：00，演唱会结束，四万多歌迷陆续离场，渠道团队第一时间投入到维护登车秩序的工作中，迎接歌迷。仅用了半个小时，四条线路的十辆大巴已经装满了返程的歌迷。

最终，截至7月25日晚上11：30，报名乘坐财富专车的人数超过1000人，当日微信内容阅读量6554次，微信新增粉丝4534个，微信刷屏参与982人，刷屏7次，影响朋友圈20万人。

10个小时，10辆大巴车、100名小蜜蜂、上千份专车券、一架航拍机……经此一役，财富中心不仅一夜暴增了知名度，虽未赞助演唱会，却胜似赞助演唱会；更以免费送歌迷回家的"公益之举"成功赢得了美誉与口碑，更为关键的是，一千余人的联系方式被记录在后台，而整个事件实际落地执行成本仅2万余元。

通过此次巧妙的借势行为，财富中心渠道部虽然没有直接导客到售楼处，但是获取了大量的客户数据，这些数据经过后期的跟进、筛选和维护，都是有可能产生来访的。此次"战役"的成功，也向从事房地产行业的所有人说明了一个道理：渠道是需要策划的，策划的本质也是渠道！

线下拓客心法

渠道的工作内容并不复杂，拓客的招数只有几种：电话营销、派发单页、举办家宴、外拓巡展、拜访客户等。但正如金庸先生在其小说中的阐述：独孤求败"无剑胜有剑"之境界为武学最高境界！"招数"不重要，"内功"才是取得成功的根本。渠道拓客亦是如此，拓客招数简单易学，但细节与深度是渠道人的"必修内功"！

5

心法九：
如何包装出一份客户愿意阅读甚至珍藏的海报？

派发海报是渠道工作中必不可少的组成部分，估计每个地产项目每年都会至少印制50万份海报，如果是年销售额超过50亿元的刚需类项目，海报的派发量超过200万份，所以，很多地产人称海报为"移动的小户外"。

不过可惜的是，使用如此频繁的海报，在创意上很不受营销管理者的重视，80%以上的海报依然采用A3大小、铜版纸印刷的形式，再加上内容毫无新意，根本不会引起受众的注意，导致很多客户拿到海报之后只是简单浏览便丢进了垃圾桶。

因此，在"海报满天飞"的今天，如何包装出一份客户愿意阅读甚至珍藏的海报显得尤为重要，是渠道负责人、策划负责人需要细细思考的重要问题。

创新分为两种，一种是内容上的创新，一种是形式上的创新，简单的一份海报需要这两种创新兼而有之，因为它担负的责任很重大：迅速吸引客户接受它、阅读它、珍藏它！

在谈海报的创新之前，我们首先来回顾一个案例：

2017年5月，微信大号"公关界的007"评论了这样一个事件：中国著名化妆品品牌"百雀羚"的广告在微信朋友圈火了，它因"谍战版的清明上河图"这一优秀的创意得到了广泛关注，广告从5月7日开始投放，在5月8日开始由几个广告号带头引发刷屏，一直持续到5月10日，可谓2017年现象级刷屏大事件。

截止到5月11日中午12点，据第三方监测平台数据显示，单独一个广告类KOL的文章阅读量就近600万，10万+文章也有10多个，"百雀羚广告"相关微信文章有2481篇，粗算光微信平台总阅读量就近3000万。

按理说，如此傲人的刷屏数据，应该让百雀羚本次主推的"月光宝盒"产品卖到脱销吧。但截止到5月11日中午12点，其淘宝旗舰店只有2311件预定，按照40元预定金额，总预定金额是92440元，按优惠后单价346元计算总销售额是799606元。

据媒体采访，本次一镜到底广告制作及KOL投放加起来保守估计在30万元，外加动辄百万级别的广告投放，总投放预算估计在300万元左右，但截至目前淘宝旗舰店的销售总额都不到80万元，在各界盛赞"百雀羚"刷屏背后，却是看到如此可怜的销售数据，让人费解！

也许有人说也许百雀羚本次就只想品牌曝光，可是百雀羚作为国产化妆品的"老大"，还需要纯粹的品牌曝光吗？而且本次主推的是"月光宝盒"产品套装，在其被称为神广告的页面最后也有销售引导，说明百雀羚本次推广的最终目的就是产品行销。

问题出在哪里呢？"成交思维"的作者一针见血地说道：

我们衡量好广告的标准是什么？消费者看完广告之后说，这真是个好产品，而不是说，这真是个好广告！现在的公关广告，90%陷入了社交刷屏的误区，只追寻于创意痴迷的拍案叫绝，而忘记了所有推广的本质——行销。

一个优秀的广告应该具有五个层次：第一，明白你是干什么的；第二，让消费者记住你说的是什么；第三，说服消费者；第四，说动消费者；第五，消费者用你设计的那句话去传播给其他人。

这一案例应该会给我们带来一些启示：小到一张海报，大到户外广告的设计，都应该直击购房者的心扉，找到"痛点"，再配合一句易于传播的广告语，在传播的同时促进来人，促成成交。正如美国著名营销大师唐·舒尔茨在其1992年出版的《整合营销传播》中说的那样：营销即传播，传播即营销。

传统的海报大概包括四个方面的内容：项目区位、核心卖点、近期的主要销售信息和户型图。但是我们有没有想过，即便是有意向买房的客户，有多少人愿意读那些"华而不实"的文字？又有多少人愿意看一些经过无数次修饰的"豪宅化语言"？因此，我们提出海报内容方面的四点建议（如图5-1所示）：

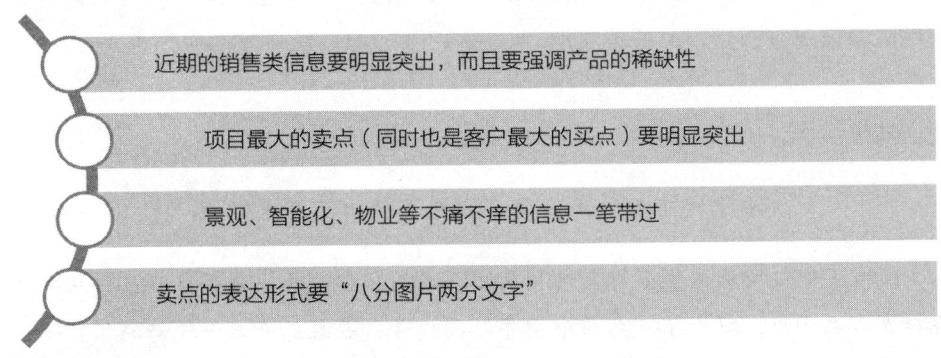

图5-1　海报内容方面的四个要点

上图中的"八分图片两分文字"是海报内容创作中的要点，这对文案师和设计师都提出了很高的要求，比如万科昆山某项目，为了突出该项目便捷的生活环境以及到上海的距离很近，全部用绘画的形式将未来生活呈现在海报上，极大地提升了客户的阅读兴趣。

那么，除了内容上的创新，我们如何赋予海报更多的"兴奋点"，让客户愿意接受它呢？很多设计师提出了"异形海报"的概念，笔者认为异形海报并不便于客户携带和阅读，不应广泛运用；还有的设计师结合主题进行设计，比如"情书海报"、"五四海报"、"健康报"等，这也算是有了很大的进步。

在这里，笔者向大家介绍几类近期较为流行的海报形式（如图5-2所示）：

实用型海报	礼品式海报	导客型海报	主题式海报
（强调客户需求）	（增加海报附加值）	（吸引客户到访）	（结合时势）

图5-2　时下较为流行的四种新式海报

1. 实用型海报

实用型海报一般用于项目品牌宣传期，传播的诉求简单明了，此类海报的难点是要获取客户的喜好，根据客户的喜好设计海报，从而达到客户珍藏的目的。

哪些话题可以引起客户的兴趣呢？人际交往过程中，大家都逃不出四大话题，我们称之为"form"，即family（家庭）、occupation（职业）、recreation（娱乐休闲）和money（收入）。继续细化的话，比如孩子中考注意点、附近餐饮的订餐电话、家庭周边的配套情况等都是市民的关注点。

实用型海报案例：

丰隆城市中心用一张手绘地图开启品质主题年

丰隆城市中心项目位于苏州金鸡湖东侧CBD的核心位置，该项目在2016年年中为了迎接新产品面市，提出了"品质中国年"的口号，并且想开启一轮新的推广。

新的形象广告和新的slogan出街之后，接着面临的是通过线下进行品牌的输出和

图5-3　苏州丰隆城市中心项目出品的手绘地图

新产品的推广，于是他们决定针对目标客群派发20万份海报。

如果做一份常规的海报，不仅与"品质中国"这个主题背道而驰，而且还拉低了项目的档次，那么，如何做一份创新的海报呢？

项目策划人发现，苏州市面上有几张金鸡湖的手绘地图，但是地图所示区域大多为湖西板块，至今没有一张专属于湖东板块的手绘地图。而且湖东板块的配套优势比湖西板块优越得多，很多客户不知道项目周边竟然有这么多高端配套。

"手绘地图"代表了匠心精神，某种意义上代表了品质精神，这与项目主题非常吻合。于是，策划人特邀苏州大学绘画系老师专门绘制该地图，为了更加凸显项目的品质优势，策划人还为设计总监、工程总监、物业总经理等人拍摄写真，将这几个人的肖像放置在地图背面，再各自配一段话诠释品质的含义（见图5-3）。

地图绘制成功之后，平面设计师进行调整和深化，使用艺术纸印刷，印制成大约两张A3纸大小，既上档次还便于打开阅读。

这个创意无限的海报一经面市就受到了广大市民的喜爱，渠道人员派发给他们时，他们欣然接受了，不仅留下了联系方式，还带回家一直放在书架上，甚至还有很多人专程到售楼处取地图。

2. 礼品式海报

礼品式海报是目前运用较多的海报形式之一，但是大多数的表现形式是"凭海报到售楼处领取礼品"之类的，随着客户对该种营销动作逐渐产生免疫，导致海报的导客效果越来越差。

礼品式海报的重点不是"派发海报",而是"制造热点",可以起到既将信息直接传递给客户的作用,也可以达到制造新闻事件、炒作项目的目的。

礼品式海报案例1:

环秀湖花园派发600斤人民币引热议

2015年的苏州高铁新城,是一个开发较为缓慢的板块,距离苏州市区约16公里,远郊劣势导致该板块的地产项目销售情况一般。在这个市场环境下,一个名为"环秀湖花园"的楼盘却因一张海报火了!

项目为了持续推进销售,决定在地铁沿线、附近商圈组织大规模派发行动,但是渠道部负责人告诉营销负责人该区域的客户扔海报的现象太严重,需要设计一份与众不同的海报。

为了一份海报,他们开了几天的头脑风暴会议,其中有一个人的建议引发了大家的激烈讨论,他的建议是:随每份海报附赠一元钱!

当争论进入白炽化之时,公司负责人拍板:做!但是要做就做大!每份海报都附赠一块钱硬币,12万份海报就支出12万元,12万枚硬币足以成为一个大话题!但是在发放的时候,要注意全程监控,而且要求每一份海报要换客户一个真实的电话号码。

于是,12万枚硬币,共计600斤,

图5-4 重达600斤的硬币随海报派发

被运进了售楼处(见图5-4)。

售楼处全体工作人员光是粘贴12万枚硬币就用了一周时间,在派发过程中,引发了市民的争抢,媒体也见证了整个过程。

业内人士是这样评价此次行动的:

(1)"现金+海报",客户拿走的可能性为100%:在海报上贴一块钱,客户拿得很开心,不像之前那孤零零的单页,很快被客户扔掉,但是用这600公斤的硬币,绝对震撼!

（2）12万份单页，实现片区客户全覆盖：现在房地产项目不再花大钱做楼书了，而是喜欢印海报，一个月都会印一到两次，每次都是几万份。对于环秀湖花园来说，这12万元的硬币，加上12万份海报，基本上把片区客户全部覆盖了。

（3）震撼的量才有推广的基础：试问哪家开发商敢一次性拿这么多费用做海报宣传？估计放眼全国也没几家，拿个几十斤硬币不痛不痒，只有这几百斤，才有传播和推广的基础，算算还是挺划算的。

礼品式海报案例2：

津西新天地派发"卫生巾"成新闻焦点

2015年3月8日，当全世界在为女士欢度妇女节的时候，苏州新区的津西新天地项目派发了一份特殊的"海报"让无数男女脸羞得通红。

他们派发的不是普通的海报，也不是普通的礼品，而是"卫生巾"。

此次他们采取直接走向街头派发的形式，共计5000个"卫生巾"，为高洁丝10片装，零售价在20元左右，总计成本在10万元左右，再加上四个派发的古装女模特，估算下来这次派发活动也要十几万的成本了。

在每一个高洁丝的上面，都贴了一个"有津西，更放心"的标签，客户只需要扫描二维码，就可以领取，在采用快闪式推广项目知名度的同时，同时又增加官方微信粉丝，一举多得。

业内是这样评价此次活动的：

（1）节点好，比什么都好。三八妇女节这个传统"佳节"，也是三月份营销的起步阶段，做创意营销是最佳时刻，这个"女权社会"里，女性为大，但很多楼盘只在售楼处做做美甲、送送鲜花，完全体现不了这个重要节日的营销价值。

（2）有话题，比什么都好。卫生巾，俗称"姨妈巾"，在很多羞涩的女孩子眼里，是一个不可高声语的物品。在很多男士眼里，都不知道它是怎么用的。但这个东西是每个女孩必备的"生活必需品"，也该让它展示在众人面前了！

（3）主题好，比什么都好。这次津西新天地打出的主题是"有津西，更放心"，贴合了卫生巾常用的广告语，也贴合这个楼盘的诉求。有时候，一个很容易记住的、朗朗上口的主题，比那些"十大价值点"要好得多。

（4）以人为本，比什么都好。回归用户的本身，才是营销的重点，客户需要什么就给什么，而不是要送什么玫瑰花之类的高大上但实际无用途的礼品，再加上四个喜庆的古装美女，让项目的人格化更加突出。

3. 导客型海报

导客型海报是营销人最喜欢做的海报，但是该类海报的创意难度也是最大的，它需要具备三个条件（如图5-5所示）：

没有兴奋点就没有导客，没有利益点就没有成交，仅凭一份海报是很难导入精准的客户的，但至少可以增强项目影响力，同时导入的客户经过不断地筛选也是有可能达成成交的。

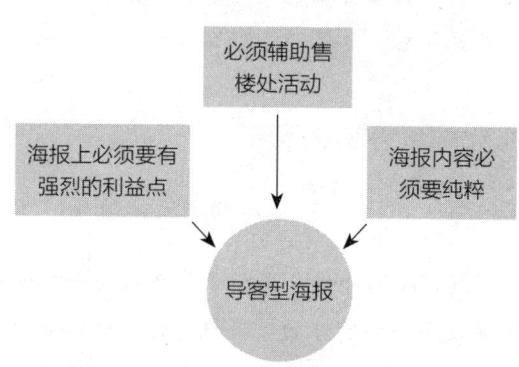

图5-5　导客型海报必须具备的三大要素

只不过派发此类海报必须要通过制造售楼处"兴奋点"来达成目的，而且海报上尽量不要出现太多的销售信息和产品信息，内容越简单越好！

导客型海报案例：

济南中海华山珑城全城派发"粮油票"

2014年年底，当时的中国楼市还处于不温不火的状态中，而济南的中海华山珑城项目却创造了开盘销售40亿元的神话！这与该项目复杂的营销变革有着莫大关联，而其中最让人津津乐道的"全城派发'粮油票'活动"成为渠道导客的又一经典案例。

项目发动数百名"小蜜蜂"，全城派发300万份海报，而这份海报酷似中国计划经济时代的粮票（见图5-6）。

图5-6　中海地产派发的"粮油票"

海报设计得非常简单，上面除了项目LOGO、地址和电话之外只有一句话："凭此票免费领取大米一袋及食用油一桶"。这比"凭此海报到售楼处免费领取精美礼品一份"要务实、有吸引力得多。

其导客成效是令人咋舌的，300万份海报大约导客11万人，售楼处平均每天来访1500人，为销售开票奠定了坚实的基础。

4. 主题式海报

主题式海报的制作相对比较简单，主要是海报的内容或形式贴近时势，让社会热点与项目相结合，从而达到吸引客户关注度的目的。

比如碧桂园当年进军上海时，就采用了"报童"派发《大公报》的形式，营造老上海的感觉。众多派单人员一身报童装扮，手拿《大公报》，沿街派报，同时大喊："号外号外，碧桂园进驻上海！"结果，这股复古潮流成为碧桂园入驻上海打响的第一炮。

碧桂园十里金滩还曾做过一次"牛津大学高才生"派万封"录取通知书"的活动，因为当时正是高考之后，开发商借学子期盼得到录取通知书的心理，将海报设计成"录取通知书"，参与者只要将与派发者的合影上传到十里金滩官方微信，便可获得一份礼物。

心法十：
如何让每一张海报精准地送达客户手里？

在"心法九"中，我们详细阐述了海报的包装方法，然而一份优秀的海报只有派发得当才能发挥出应有的功效。派发海报不仅是体力活，更是脑力活，很多城市因为海报问题给城市管理者带来了很大的困扰，因此对派发海报行为有严厉的管制措施，但作为渠道工作中必不可少的环节，海报派发工作必须要持续进行，那么怎么办呢？本节我们将重点介绍海报的派发方式。

如何将海报派发到我们的客户手里？首先我们要知道客户在哪里，然后通过合法、合理、合适的方式将海报传递过去。在制定海报派发计划之前，"客户地图"是重要的判断依据，无的放矢是海报派发的大忌！

1. 找准客户，定制海报

从来没有哪一份海报是万能的！

目前，很多营销管理者和渠道管理者一提到派发海报就喜欢用"人海战术"，而且无论海报派发到哪个区域，派发给哪类客户，运用的都是同一种海报，一印就是几十万份。在客户诉求比较模糊的情况下做这样的安排，是极其错误的，更是对人力和财力的浪费。

"客群定位"为什么在房地产领域中如此重要，因为它是产品定位、广告推广、活动营销等一切行为的"纲领性文件"，时刻需要遵从。"客户地图"也是根据客群定位不断完善与修订而来的。

因此，营销部负责人在制定海报派发计划之前，必须了解客户所在的生活区域、工作区域，还要了解该区域此类客户的大概数量，他们想购房的主要原因，有了这些数据之后，才知道海报的广告诉求是什么，才知道该印刷海报的数量。

比如某投资性产品，项目所在区域的客群不动产的升值有了明显的认识，那么海报的内容就应该以促销信息、畅销信息为主，区域价值一笔带过即可；而如果去拓展外区域客户，那么海报必须将区域价值、投资升值潜力、客群价值、产品价值写清楚。比如某刚需产品，区域内的客户看重的是其学区优势，而区域外的客户看重的是其价格优势，那么海报的广告侧重点必须有所区别。

20世纪最伟大的政治发明就是"一国两制"，而作为地产营销人，也应该在推广上贯彻这一思路，精细化更加显示营销内功！

派发海报反面教材：

100万份海报导客40人的悲剧

2016年10月，全国一二线城市楼市纷纷推出限购政策，楼市开始慢慢降温。

某知名房企在苏州开发的第一个项目在9月份开盘取得胜利，当天销售200余套，开发商领导为了一鼓作气再打一个胜仗，制定了"1000个'小蜜蜂'100万份海报"

的大规模海报派发计划。苏州总人口也不过1000多万，他们相信，100万份海报可以实现市区的全覆盖。

于是，100万份海报被1000个统一着装的"小蜜蜂"陆续拿走，赶往指定区域，队伍浩浩荡荡，蔚为壮观！

不幸的事情发生了，从海报开始派发那天的一周内，案场因海报途径来售楼处的仅40余人，而且80%左右还是当地客户。这让项目总监非常困惑：这到底是怎么回事？

原来该项目是产权为40年的投资性公寓，地理位置并不好，海报上一味地强调该项目总价有多低，上次开盘有多火爆，外区域客户根本对该区域没有任何认知，有的客户拿手机打开导航一看，竟然离市区有三十公里的距离，干脆就不去了。

笔者后来看到了这份海报，竟然连该项目在限购政策下最大的优势"不限购"都没有体现，确实是一次极其失败的营销行动。

2. 区域选定，巧用方法

找准客户之后，派发工作可以开展了，但我们知道，越是高端的写字楼或社区，管理越严格，渠道人员根本没有办法进入。遇到此类问题，千万不可蛮干，推荐几种方法供大家参考：

（1）为车主提供免费洗车服务

首先我们和洗车人员签订合作协议，采取"无水洗车"的方法进驻停车场，"无水洗车"的技术已经非常成熟了，只需要简单的设备就好，每辆车的清洗成本低于10元。然后，我们再和写字楼及高档社区的物业部门取得联系，在地下停车场设置一个洗车服务点，一般这种情况下大多数物业部门都会同意的，毕竟，这也是物业回馈客户的温情表现。但是我们只需要提出一个要求：每洗完一部车，允许派发一份宣传资料。

（2）将海报做成车主喜欢的形式

市面上派发给车主的海报形式过于单一，大多采用直接放置在车门把手或前玻璃窗上，这类做法往往受到车主的强烈反感。所以我们要将海报做成车主最喜欢的形式，在这里向大家推荐"挪车电话牌"形式，但是简单的挪车电话牌做起来也是有讲究的，大多数开发商做的只是简单的铜版纸（见图5-7），车主们拿得多了就不珍惜了，甚至不会继续使用，如果将它在工艺上进行优化就不一样了。

图5-7　大多数开发商制作的挪车电话牌的样子

笔者曾经收到过某教育培训机构派发的挪车电话牌（见图5-8），塑料材质，挪车电话采用的贴纸形式而不是手写，另外，牌子的顶端中间位置打了一个小孔，一个小吸盘可以将卡片固定在车窗上。这种挪车电话牌做得很人性化，而且比较上档次，笔者使用至今。

（3）与快递公司合作派发

能顺利进入高端社区的也许只有快递员了，这个资源一定要好好把握，因为此类"海报派发"的形式可以让到达率达到100%。

与快递公司合作有两种方式，一种是将海报随客户的快递一起送到客户家

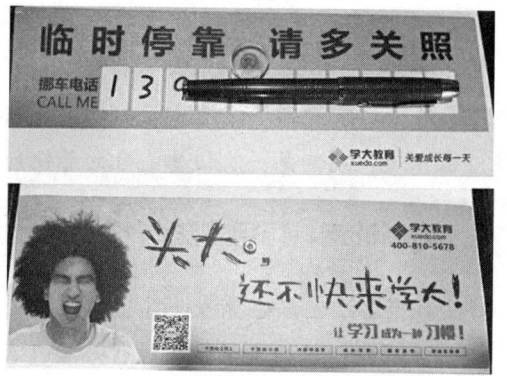

图5-8　某教育培训机构制作的挪车电话牌

中，另一种形式是向该住区的所有客户送快递。由于是定向投送快递，所以费用要比正常的快递寄送便宜得多。

（4）与商超合作派发

商超每天使用最频繁的东西就是塑料袋或环保袋，开发商可以与客户常去的商超洽谈合作，为商超免费定制塑料袋和环保袋，当然，袋子上最好印有简单的项目信息，如果每个袋子里能放置一份海报就好了。不过要记住，大型的品牌商超出于对品牌的保护是不乐意合作的，我们可以从社区商业入手。

3. 服务至上，精派海报

大家看过姚晨主演的电影《梦想合伙人》吗？主角姚晨及其合伙人创业开了一个

女性购物网站，她要求所有的快递员必须是黑色西装打领结，送快递时必须面带微笑亲自帮收货人穿上新鞋子或是戴上围巾，以享受女王般的待遇。

这一形式也是可以运用在派发海报上的，当然，这样高规格的派发一定要具备三个要素：第一，派发对象一定是特定的，一般用于派发给媒体、企事业单位高管；第二，仅仅派发海报肯定是不行的，必须要带有特色的礼品或者邀请函；第三，派发是次要的，获取新闻点才是最主要的。一般这一形式运用于高端项目上。

精派海报案例：

英国绅士礼送百位商业领袖

2016年重庆某豪宅项目初次亮相，为了确保开盘的顺利进行，同时将精美的宣传资料和礼品送到高端客户手中，项目策划了一起"英国绅士礼送百位商业领袖"活动。

首先，开发商领导通过工商联获取了300名商业领袖的名单，在经过筛选且征得对方同意之后，行动开始了。

为了提升此次派送的规格，开发商特意邀请了10名英籍男模担任派送员，身高全部在185cm左右，身穿平整的黑色礼服，打上领结，戴上高帽，白色手套，俨然一副英国绅士的装扮。

开发商为此还租赁了10部奔驰车负责接送，媒体全程跟拍。"英国绅士"携带的东西有三样：制作精美的宣传楼书、一封邀请函、一套精美的欧式茶具。

"英国绅士"见到商业领袖，深鞠一躬，用流利的英语说道："Hello, sir. Welcome to our company's activities for you and other business leaders. This is a special invitation for you!"旁边的工作人员逐句翻译，商业领袖非常高兴，欣然应许。

项目开盘时，现场一共来访了150余位高端人士，其中通过此次"派单"行动来访的就有80余位。

此次行动至少有三大特色：客群精准、调性高端、客户接受。项目的美誉度立马可以在重庆的高端圈层中传播，为项目后期的营销推广工作打开了"便捷之门"。

心法十一：
如何让电话营销尽可能多地带来客户并且成交？

电话营销因成本低、效果好等特点成为渠道工作的重要组成部分，尤其是中国西南地区，"电话拓客中心"几乎成了每个项目的标配，少则十几人，多则上百人。

不过，从整体渠道工作的评估来看，电话营销是渠道工作中最薄弱的环节，也是渠道管理者最忽视、最无奈的环节。忽视，是因为他们找不到合理的制度去管理，只能听之任之；无奈，是因为他们根本不知道该如何培训员工，提升他们的电话拓客技巧。

关于电话营销的培训资料和视频在网络上比比皆是，笔者在《房地产渠道管理一本通》中也详细介绍了客户资料的选取、电话拓客前的准备工作、电话拓客的说辞技巧以及电话拓客的管理与考核等问题，在这里我们就不做一一介绍了，本节我们将针对几个核心问题进行阐述。

1. 客户到底是在拒绝谁？

为什么电话营销人员总是满脸愁容？因为他们每天至少"Call客"200组，时时刻刻都在被拒绝。那么，我们有没有反过来想想：为什么客户总是在拒绝？拒绝的客户真的没有购房需求吗？

概括下来，客户拒绝电话营销的原因有三个（如图5-9所示）：

因为客户"耐心"，所以我们要在电话接通的30秒内让客户对你感兴趣；因为客户"没有兴奋点"，所以我们要在短时间内将项目几十个卖点只提取两到三个，让客

没有耐心	没有兴奋点	没有获得有效信息
每天接"骚扰"电话，导致心理自动屏蔽各种广告	接到的电话被强制灌输广告词汇，抓不到自己的利益点	接听电话之后依然没有获知对方产品的核心卖点

图5-9　客户拒绝电话营销的三大原因

户被立即吸引；因为客户"没有获得有效信息"，所以我们要在短时间内将产品通过通俗化的语言告知客户。

要知道，人的本性是不善拒绝的，他（她）拒绝的不是你，而是在拒绝与他（她）没有关联的利益点。

2. 怎样短时间内吸引客户？

当电话被接通后，开场白是否成功将直接关系到谈话能否继续，如果毫无技巧拿起电话随便说，肯定会被对方直接挂掉电话，甚至被人辱骂都很正常。那么，我们的电话开场白有哪些技巧呢？

开场白是让客户产生兴趣的关键点，是重中之重，一定要简洁、有力、有吸引力。较吸引人的首句一般会提及"有新品推出"，说出自己与其他产品的区别，如"××唯一精装修的楼盘"等；另外尽量要以数字的形式，如低总价、低首付等吸引价格敏感客户的关注；尽量避免首句出现"售楼处"等字眼。

资深销售实战训练培训师杨星先生向我们推荐了四种技巧（如图5-10所示）：

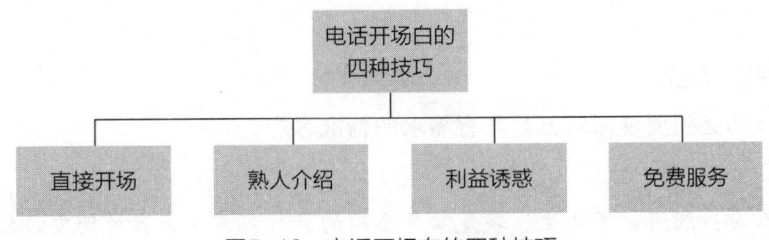

图5-10　电话开场白的四种技巧

（1）直接开场

这种技巧适合前期与对方已经建立了相对较为熟悉且相互信任的状态。

例如：

电话人员：您好，王先生！我是××，前几天咱们有过沟通，感觉跟王先生聊天能学到好多东西。

客户：哦，谢谢！跟你沟通我也感觉很不错啊！

通过前期的良好铺垫，双方已经建立起了彼此间的信任感，所以电话直接打过去对方也不会感到陌生，更不会感觉被骚扰，因此双方对话会显得很顺畅。

（2）熟人介绍

这种技巧由于有人介绍，所以早有铺垫，电话营销的成功率极高！

例如：

电话人员：您好，请问是王先生吗？

客户：是的。

电话人员：我是××的朋友，我叫××，是他介绍我认识您的，前几天我们刚通了一个电话，电话中他说您是一个非常和蔼可亲的人，他一直非常敬佩您的才能。在打电话给您之前，他还叮嘱我一定要向您问好。

客户：客气了。

电话人员：实际上我和××既是朋友关系又是客户关系，之前他也买了我们的房子，感觉非常不错，他觉得第一个要推荐的人就是您，所以他让我今天一定给您电话。

通过熟人（这里的熟人可以是客户，也可以是别的销售人员，跟对方认识的所有人都可以）介绍，加上在开场中加入赞美技巧，于无形中减低了对方的不安全感和警惕性，非常容易就能与对方建立信任感，很快就让对方有了亲近感，从而很容易打开话题。

（3）利益诱惑

这种技巧必须要确保对方是真有需求的精准客户。

例如：

电话人员：您好，王先生！我是××公司的××，前几天我给您发过短信，您还回复了。王先生还记得我吧？

客户：哦，好像有印象，怎么了？

电话人员：上次短信听您近期有购房打算，正好我们项目推出了几套性价比很高的房源，房源在小区的核心位置，采光通风都不错，如果您认购，我们还赠送"欧洲双人游"套餐。

客户：这么好，具体是什么时间呢？

电话人员：活动就在本周星期六，我先帮您登记一下，请问您周六上午9点有空吗？

在确保客户是绝对精准的情况下，加上前期有铺垫，让对方回忆是否还记得自己，即是给对方的一个提醒，也是在与对方拉近关系，对活动的优惠力度一经介绍，只要诱惑度比较大，客户一般不会拒绝。

（4）免费服务

这种技巧相对有些难度，毕竟现在的诱惑太多，客户轻易不上钩。

例如：

电话人员：您好，王先生！我是××公司的××，前几天我已加过您的微信。

客户：是吗？我好像有点印象。怎么了？

电话人员：听说您近期有买房打算，我们项目推出了一些性价比不错的房源……

客户：哦，可是我最近没空，等我有空了再去吧。

电话人员：没关系，考虑到您的时间非常宝贵，我们很乐意为您提供上门服务，您是否可以将您对房源的要求告诉我，我们为您制定一份详细的置业计划书。另外，我们公司还为客户定制了一些礼品，希望可以允许我为您送上门，本周六可以吗？

客户：应该可以，但是我不确定在不在家？

电话人员：没关系，反正我周六也要外出为其他客户送礼品，周六上午9点我再联系您吧！

通常我们遇到这样的客户概率比较大，但一定不要因为被对方拒绝，我们就轻言放弃，善用语言沟通技巧，一定让要对方感觉到我们是真诚的，专业的，能够真正帮其解决问题，另外就是一定要坚持到底。

以上的这些电话开场技巧，都是在确保前期铺垫相当到位的状况下开展的，所以我们再确定运用开场技巧前，一定要学会针对可能遇到的情况，提前先做好准备工作，尽可能把开场白的话术语言先写下来，反复研读揣摩并相互演练，看看还有没有不严密的地方或者遗漏之处。

3. 怎样为客户创造"兴奋点"？

有了利益点就有"兴奋点"，哪些是客户的利益点呢？价格、学区、配套、开发商知名度、紧凑的户型等，可以说的利益点很多，但是这些利益点一定要经过话术的包装。

（1）项目的区位优势

买房子首先买的是区位，卖房子首先卖的也是区位，因此电话营销人员必须在第一时间内将区位优势灌输给客户，但千万不能说"项目位于××路与××路交汇处"，而是应该首先说一个标志性建筑，然后再告诉客户项目在该建筑的某个方向。

如果项目所在的区域和配套还不错，就应该采用"横向类比法"突出项目的价格优势，比如说"我们项目的位置非常不错，旁边的××项目单价已经达到20000元了，我们这么高品质的房子单价只有18000元，不过只有几套了……"

如果项目的所在的区域并没有太大的优势，就要挖掘区域未来的规划，为客户描绘未来的前景及区域价值潜力，如"我们项目位于××新城，管委会的南侧，地铁2号线就规划在我们项目旁边，根据政府的规划两年左右就可以通车了，目前正是在这里购房的好时机……"

（2）产品的核心卖点

如果项目没有价格优势，那么我们只能通过话术做"加法"，将客户的心理价位提高，如开发商品牌、大师作品、3000m²的高档会所、优质的教育资源、优质的邻居资源等。

不过，难度在于我们如何将核心卖点在30秒内灌输给客户，如"我们项目是由中国豪宅缔造专家××地产倾力打造的，品质比周边项目高得多，最大的特点是3000m²的会所是给业主终身免费使用的……"、"我们项目最近销售特别火爆，开盘当天成交300套，市政府的很多领导都过来排队买房……"。

（3）促销活动邀约

在介绍了区位和产品后，我们首先要获知客户的第一需求：户型及面积。然后电话营销人员要快速地在准备好的讲义中为客户挑选一套合适的房子，记住，千万不要贪多，推荐的房源不要超过两种！

把户型的主要优点告诉客户之后，一定要留下悬念，不要告诉该户型的价格和所在位置，要让客户亲临售楼处挑选。但是为了增加客户的来访动力，可以告知客户最新的促销信息。如"王先生，您好！根据您的需求我为您挑选了一套110m²的房子，三房两厅两卫，这个房子不仅南北通透，而且赠送的面积达到10m²，目前我们推出了'交2万元抵4万元'活动，如果您有意向，欢迎您和您的家人来售楼处看房。请问您什么时候方便？周六还是周日？"

4. 怎样促进客户到访和成交？

电话营销人员将"利益点"灌输给客户并且邀约其来售楼处之后，一定要再对电话内容进行一次强化，主要目的是促进客户的快速到访。

明源地产研究院的晨星为我们提供了三个绝招：

（1）利用客户"怕买不到"的心理

人们总是对紧俏的东西更有购买欲望，越是抢购的人多越是带动销售，利用"怕买不到"的心理，就是给客户创造一种紧迫感，再不买就买不到了。可以告诉客户项目的销售速度，以及好的户型有多抢手，主动刺激对方，调动客户尽快到访的意愿。对于价格犹豫的客户，则可以"折扣最后一天"、"送家电快送完了"等来促进客户的购买意愿。

（2）引导客户联想到成交的好处

使用假设成交的沟通方法，从介绍项目优势引入，可以勾勒出客户入住后的美好生活，让客户脑补出愉快、和谐的居住体验。比如，坐在客厅可以看到楼下的花园适合小朋友和老人散步，距离小学只有两公里路程，散步就可以接送孩子等，尽可能将客户的注意力吸引到入住后的美好体验中，客户就可能会支持销售所构想的情况。

（3）用数学原理促单

在"call客"过程中，客户比较感兴趣，但又很犹豫，说明客户对项目的具体情况还有些担心，这时可以使用"加减乘除促单法"（如图5-11所示），帮助客户下定决心。

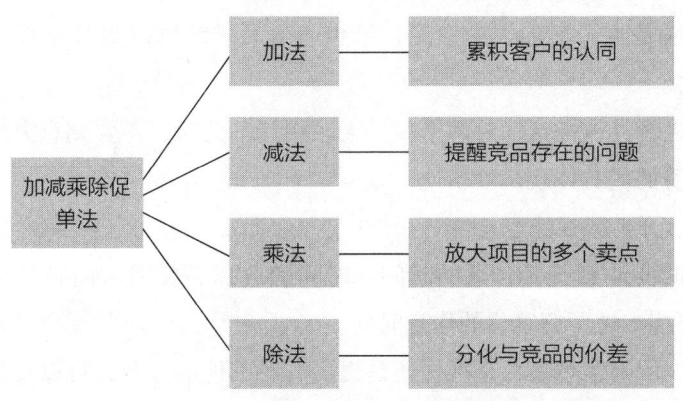

图5-11 用数学原理说服客户的方法

加法：累积客户的认同。比如项目的区位优势、精装配套、周边环境、品牌知名度等。

减法：提醒客户竞品存在的客观问题以及未来可能出现的忧患。比如，不是自有物业将来管理混乱、毛坯房要装修、增值潜力差等。

乘法：放大项目的多个卖点。比如目前活动促销的优惠、领先的物业服务配套、学区的优势等。

除法：分化价差，将价格分化到项目的各个优势上。比如当客户对价格比较敏感的时候，说明他对产品等比较认可，电话营销人员就可以这么说："其他项目确实比我们便宜，但是一分价钱一分货，便宜不一定是最好的，更重要的是性价比高，房子不是普通商品，不喜欢了还可以再买新的，我们的产品在产品本身和后续服务上都是经得住考验的，您现在多花一点钱，为未来的居住购买一个保障。如果只是因为便宜，可能就要牺牲产品品质和服务了，从长期来看，并不划算。"

5. 电话营销常见问题处理方式

（1）说有时间来看，但就是不来

电话沟通时你是否已经告知客户项目的"核心卖点"？

客户是否真的了解了？你是否与客户约定了一个具体时间？

客户真的很忙，忘记了或没时间，需要你提醒并保持联系。

制造紧迫感，引导客户尽快来访。

（2）感觉客户对项目的认同感有所变化

客户有可能是听了其他人的意见，思想产生动摇。可以帮其分析，坚定客户的信心。

客户可能去看其他楼盘，对两个项目无法抉择，此时，不要刻意突出其他项目的劣势，通过自身的优势体现出性价比。

（3）出差、开会或在休息

跟踪电话时要注意选择合适的时间，时间的选择需要因人而异，在前一次电话（接待）中尽可能多地了解客户的作息时间。

要分析客户的真实想法，是推托还是想再看看其他的楼盘，可以帮他从侧面分析一下周边楼盘，进一步的了解客户的想法。

（4）客户还没考虑清楚

找出客户的异议，帮助解决顾虑。

是否需要与家人一同决定，可以邀请其家人一起来现场看看。

是否是客户接听不方便，可以发个短信表明意图。

心法十二：
如何让客户愿意参加私宴且促进成交？

私宴，高端项目渠道营销的必备动作。中国人一向崇尚"酒桌文化"，很多合作是在酒桌上洽谈成功的。然而，随着时代的变迁，人们物质生活的日益提高，现在很多人一提到"应酬"就会退避三舍，因为应酬就意味着喝酒。曾经有一位亿万富豪告诉笔者："十几年前我疲于应酬，注重应酬的结果，现在也应酬，但享受应酬的过程。因为，我以前好酒，现在大家在一起却是在品酒、品味人生！"笔者窃以为，他的一席话道出了现在富豪们的普遍心态：应酬可以，但要与志同道合的人在一起享受人生！

所以，大家现在注重的不是宴会本身，而是圈层。

很多渠道拓客人员一旦被问起"如何搞定这个客户"时，总是会脱口而出："请客户吃饭啊！"谈何容易，简单的私宴其实需要精细的安排。

一场高品质的私宴至少要从四个方面来考虑和编排（如图5-12所示）：

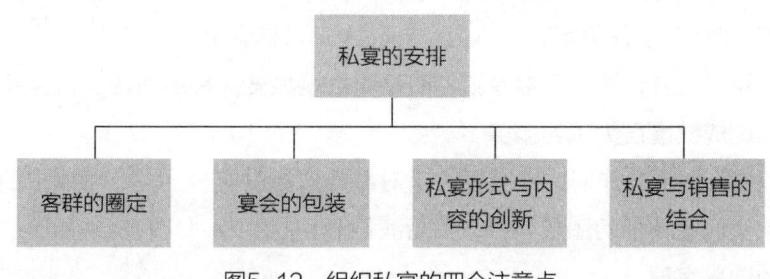

图5-12　组织私宴的四个注意点

1. 客群的圈定

人们对随便得来的东西往往不够珍惜，经过自己努力获得的东西或机会才足够珍惜！现在的商务场合中，你越是盛情邀请，往往得不到客户的重视，所以，在邀请客户之前，你一定要搞清楚一个问题：我的圈层足够吸引我的客户吗？

那么，我们应该如何打造属于自己的"高端圈层"呢？在这里，向大家介绍三种方法（如图5-13所示）：

用策划手段缔造高端圈层	用"精神领袖"吸引客户	借助成熟圈层为项目服务

图5-13　打造自己"高端圈层"的三个方法

（1）用策划手段缔造高端圈层

每一个项目尤其是高端项目在前期进行品牌建设的时候都应该考虑圈层的建设，传统的方法是建立客户俱乐部，但是从目前来看，这种"有框架但无实质内容"的做法已经不起任何作用了，而且客户加盟的起点很低，根本无"圈层"可言。

苏州"桃花源"项目很早就成立了"桃源会"，与其他项目不同的是，该"桃源会"内容非常丰富，牵涉到的面也非常广，其定位是全球华人最高端的中式雅集平台，中国桃源会的内容包括以"琴道、棋道、书道、画道、诗道、花道、香道、茶道、酒道"等中国传统九道雅事为主题的圈层私享，如世界遗产鉴赏、国宝鉴赏、名家讲堂等，多种形式、多个领域纷纷容纳在"桃源会"中。

关于缔造属于项目自己的高端圈层问题我们将在本书"心法十六"中详细阐述。

（2）用"精神领袖"吸引客户

每一个行业都有带头人，每一个圈层都有焦点人物，只要开发商借助人际资源与"精神领袖"建立起信任关系，可以邀请到一大批目标客群。

除此之外，政府领导、学术专家、明星等也是另外一种层面的"精神领袖"。

（3）借助成熟圈层为项目服务

在我们进行资源合作时，尤其要注重对品牌资源的客户开发，可以求助该资源的主导人帮助我们邀请他的圈层客群，然后我们利用这些相对比较成熟的圈层再邀请其他有意向的购房客群。

2. 宴会的包装

宴会的包装中最核心的是圈层的包装和菜品的包装，如何吃出品位，如何吃出感觉，如何吃出文化，如何吃出氛围，这一系列问题都是需要包装的。

在圈层包装中，一定要强调此次出席嘉宾的规格是很高的，他们参与此次活动的本身并不是简单的"吃饭"，而是在参与一次思想的碰撞、一次文化的旅程、一次财富的对话、一次爱心的奉献，务必要将宴会的举办意义提升到一定的高度，当然，这需要在私宴的内容上有一定的支撑。

在菜品包装中，一定要强调其文化内涵，强调菜品的稀缺性以及强调主厨的知名度，毕竟，参与私宴的人规格那么高，对于一般菜品是没有任何兴趣的。

私宴菜品创新案例：

苏州桃花源私宴之《桃源春宴》

苏州桃花源项目可谓是中式别墅中的典范，每天到项目参观的房地产界同行络绎不绝。项目自"桃源会"成立以来，接待了数以千计的高端客户来访，很多人对其私宴赞赏不绝。

桃花源项目一直以来都很重视私宴的开展，为此，他们特意开辟了样板房作为私宴及活动的场地，还花重金聘请了五到六人的厨师团队为客户服务。

项目策划人很注重对私宴的包装，因为桃花源是中式园林别墅的代表，所以策划人的包装紧贴着"养生"、"姑苏传统美食"等标签。他们是这样包装的——

饮食文化遍布在中国传统文化之中，中国饮食文化的本质是延续生命，赋予饮食科学、哲学、伦理、美学等内涵。

顺时养生，是顺应大自然时令气候的休养生息。在中国传统典籍中汲取营养，丰富四季饮食养生理论，挖掘苏州传统饮食习俗。

于是，桃花源的私宴定位是：舌尖上的苏州四季！

把苏州四季的特色菜做足，达到"唯独桃花源能代言苏州传统饮食文化"的境界。

苏州的烹饪饮食由于地理环境物产和吴地文化的熏陶滋润，形成了自己的特色，据有关人士统计，到清代，苏式食品已形成了12个大类又分为6个帮式。在饮食习俗上，表现为饮食与民俗活动相结合形成了无时不吃，无事不吃的风尚。苏帮菜注重时令性，因材施艺，讲究节令饮食。至今，苏州饮食仍以崇尚自然，新鲜，讲究时令的传统生态饮食风尚为主。

比如苏帮菜中就有"鱼主题"：一月塘鳢鱼、二月鳜鱼、三月甲鱼、四月鲥鱼、五月白鱼、六月鳊鱼、七月鳗鱼、八月鲃鱼、九月鲫鱼、十月草鱼、十一月鲢鱼和十二月青鱼。

以《桃源春宴》为例：

第一步：氛围营造"四香"

过去，在苏州的园林里吃饭，要有四香：花香，茶香，酒香和熏香。

桌上：冷碟和一篮子的鲜花，可以是玉兰、樱花和枸杞枝条，随意地堆放，符合苏州传统生活审美了，外表即使平常，内里却是不疾不徐。

第二步：养生且符合时令的菜谱（见图5-14）

塘鳢鱼、鳜鱼、甲鱼、酱汁肉、枸杞头、香椿头、马兰头、青团、春饼、圆子、黄连头、撑腰糕、酒酿、白蚬、亮眼糕、焐熟藕、野火饭、燕来笋、碧螺茶、虾仁。

火夹鳜鱼　　　　汆塘鳢　　　　干蒸甲鱼　　　糟溜塘鳢鱼　　　　碧螺大玉

图5-14　桃花源之"桃源春宴"部分菜肴

这样的包装让苏州乃至长三角的高端客群纷至沓来，每个人都以进桃花源享受私宴而自豪，当然，预定私宴的门槛也是比较高的，开发商要审查客户的身份情况，而且要至少提前一周预定。

3. 私宴形式与内容的创新

私宴活动具有人数少、档次高等特点，要想让客户愿意参加私宴且有很好的体验

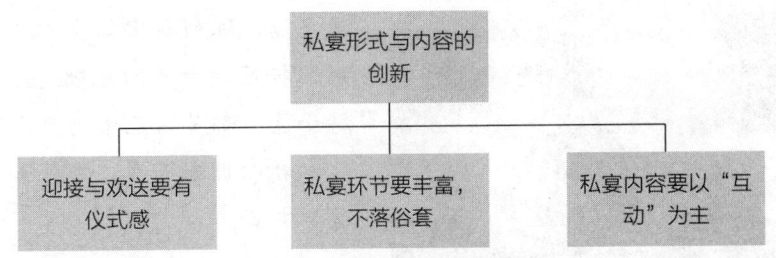

图5-15 私宴形式与内容上的创新

感，需要在活动的形式和内容上做一些特别的安排（如图5-15所示）。

鉴于私宴所邀请的客群基本上是高端人士，因此，接待的规格一定要高，简单的欢迎仪式是必不可少的，可以采取礼仪小姐打伞、走红毯、遮掩车牌、开发商领导亲自接待等形式，以增加客户的尊崇感。

在经历了财富积累阶段单纯的物质享受之后，中国高净值人群对资源与服务的个性化、定制化需求日趋增加，眼界与品位愈发提升，关注领域越来越多转向社交、家庭、健康、子女教育等领域，以及个人梦想的实践、对独特体验的追求等。因此，私宴的主题要多注重与这些领域的结合。

在私宴的编排上一定要注意，单纯"品尝美食"并不是私宴的主旋律，而是要多增加一些内容，比如某国宝鉴赏、雪茄品鉴、文娱表演等。除此之外，私宴的内容要与客户全程互动，就算是品尝美食，也要把美食背后的故事讲出来，这样不仅可以提升楼盘调性，还可以体现开发商对细节、对文化的用心，客户良好的体验感立马呈现。

私宴内容创新案例1：

轩尼诗与潮汕菜的完美搭配

2016年年底，轩尼诗为了回馈潮州高端客群，同时为自己的品牌造势，特邀百位高端人士参加一场私宴活动，活动主要围绕轩尼诗与潮汕菜的搭配进行的。

这次私宴是在潮州近郊的一个私邸进行，这是一个不对外开放的私邸，爱酒的主人这次特地借给轩尼诗做这场潮州菜与轩尼诗的舌尖盛宴。

晚宴开始前是一些助兴活动，比如在轩尼诗品牌大使带领下参观了轩尼诗家族的

图5-16　轩尼诗私宴现场

历史墙，陈列其中的生命之水，这是调配轩尼诗干邑的基础。每一款轩尼诗干邑，都是由几十乃至上百种生命之水精心调配而成，香气和口感层次异常丰富。

晚宴是长条桌分餐制，桌上早已放好轩尼诗X.O诱惑着客户。其实早在1870年，轩尼诗家族第四代传人莫利斯·轩尼诗先生就特意创制了这款私藏佳酿，款待挚友亲朋，后来便成了风靡全球的轩尼诗X.O（见图5-16）。

当晚私宴现场，客户不仅领略到浓醇酒香与赏心悦口的潮汕美馔碰撞出的美妙惊喜，还感受到了这款稀世干邑自诞生以来即蕴含着的相聚、分享寓意。

在依山傍水的美墅之中，私邸大厨为宾客们精心烹制晚宴菜单。菜单根据轩尼诗和资深美食家在长期的餐桌实验中多番验证总结出的"轩尼诗美食金律"设计而成。

觥筹交错间，深谙潮菜精髓的著名美食家张新民先生、对潮菜有独到研究的美食家闫涛先生，也与在座宾客分享了潮菜与干邑的味觉结合，酒浓，情更浓。

第一道菜是黑蒜炖花胶，口感浓郁的花胶汤，先以胶质丰富的母肚炖煮，再加入爽口弹牙的公肚做主角，深藏不露的螺肉又使整道汤的鲜味得以提升；熬制过程中加入高营养价值的黑蒜，黑蒜由新鲜蒜发酵而成，味道酸甜可口。与之搭配的是"轩尼诗X.O冰享特别版"，先喝一口热汤，紧接着喝一口冰镇X.O，冰凉的酒液中和了花胶汤的浓郁，既突出了花胶汤的鲜美，又激发出X.O自身的甘辛之美。

接下来，所有的菜品上桌后，都可以搭配一款轩尼诗X.O的酒，让所有客户发现原来潮汕菜和轩尼诗有着如此紧密的联系，两者搭配更是美妙绝伦！

私宴内容创新案例2：

藏匿在顶级游艇俱乐部里的"小木屋私宴"

习惯了星级酒店的服务，很少有人在游艇俱乐部里享受晚餐吧？

藏匿在上海知名的游艇俱乐部内，很多俱乐部的会员都不知晓其所在。三间低调的小木屋，外人看来多会以为只是摆设，平日木门紧锁，其实内藏乾坤。但是上海无所不能的开发商们却发现了这个神秘的、最适合做私宴的绝佳之地。

三间小木屋，一大两小，大木屋（10~12人），两间小木屋（6~8人）。从外观看来屋子不大，但进入却真的不小。独立的休息区，独立的卫生间，独立的用餐区，空间足够，拉开窗帘，黄浦江的景色尽在眼前，会让人想到马尔代夫旁的海滩屋。

因为身处游艇俱乐部，用餐时难免会遇上俱乐部活动。游艇、超跑、美女帅哥，大饱眼福，饱福之后回到小木屋再大饱口福，关门的一刻，恍若隔世，一下子安静下来了，不用担心嘈杂。

客户吃完饭后，还可以邀请客户登上游艇，10人一组，尽享黄浦江的夜景。

虽然规格很高，但是来此的开发商络绎不绝，私宴的神秘感、品质感、新鲜感在此可以得到顾全。

4. 私宴与销售的结合

对于很多高端客户来说，吃饭时尽量不谈工作，但是对于务实的渠道人员来说，这可是销售楼盘的最佳机会。可是，如果销售行为过于明显，会影响客户的体验感；可如果不做任何的推介，渠道人员又心有不甘。在这里，我们要说的是"欲速则不达"，私宴的过程最好不要过多地介绍项目，但我们可以通过其他方式来弥补这一缺陷（如图5-17所示）：

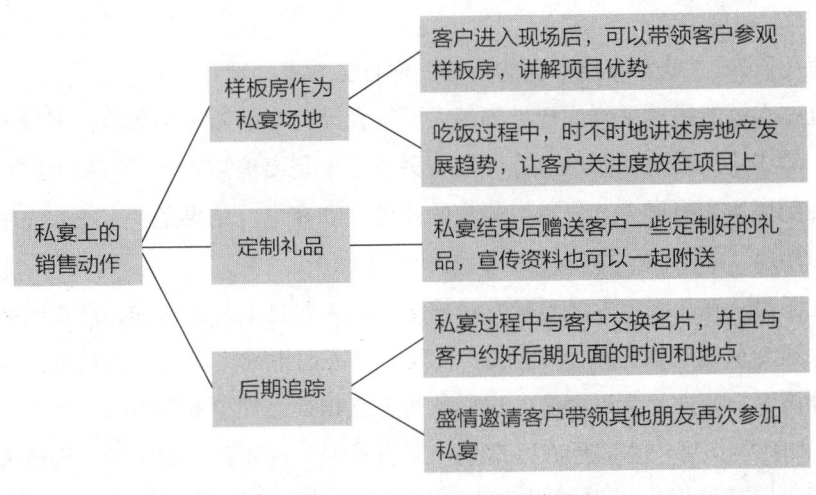

图5-17 私宴过程中的销售行为导入

其实很多客户对你的销售行为"心知肚明"，只不过他们不愿意打破这么个美好的氛围，更不愿意在朋友面前"失了颜面"，做到图5-17中的相关内容足矣，当然，如果客户主动提出要对项目进行深入了解，可以在私宴上多介绍一些内容，但要记住，失去了售楼处这样的营销环境是不可能给客户太多的直观体验的，客户不可能吃了一顿饭就做决定要购买，可以安排客户在适当的时间到售楼处详细洽谈。

在西方商界和上流社会有这样一种说法：越是富有的人越喜欢经常举办私人宴会。因为这是商界里最常见的一种社交方式，在温馨幽雅的环境中，轻轻松松与客户做朋友式交谈，一不留神，你就可能成为一个圈子里最具有影响力的人。目前，中国富豪们对这一形式也表现出极大的兴趣，营销策划人应该将"私宴"作为营销体系中的常态活动，就目前而言，没有比这更加精准的营销活动了。

心法十三：
如何规划出高效的拜访客户行动方案？

在客户的拓展工作过程中，笔者常常听到这样的对话：

渠道专员："领导，上门拜访客户太唐突了吧，有没有熟悉的人帮我引荐一下啊？"

渠道负责人："我没有这方面的资源，你自己看着办吧！"

通过熟人就能快速见到你想见到的人？笔者为此专门做了个实验，列举了二十个资源方，其中十个是有熟悉的人介绍的，另外十个是要求拓客专员直接上门拜访的，我们观测到底运用哪种方式可以以最快的速度见到客户，结果是：有熟人介绍的资源平均用时8.6天，而陌生拜访客户的平均用时是3.7天。

实践证明，有些渠道专员总是寄希望于"熟人"身上是不对的，严重影响了拓客效率。渠道专员之所以有诸多"借口"，其实是害怕拒绝，作为渠道负责人有责任和义务将拜访客户的方法告诉团队，这样才避免互相推诿现象的发生。

关于如何拜访客户，我们在《房地产渠道管理一本通》一书中的"渠道人员拜访客户注意点"已经做了详细的阐述，在该文中，我们重点讲述的是客户拜访过程需

圈定客户范围	硬件准备工作	拜访流程制定	拜访转成交
（客户地图）	（拜访道具）	（区别对待）	（六个动作）

图5-18　拜访客户之前的四项重要工作

要注意的几个点，而本节我们就拜访客户之前的计划工作尤其是行动方案进行深入剖析。

我们认为，在拜访客户之前需要做好四项重要工作（如图5-18所示）：

1. 圈定拜访客户的范围

圈定拜访客户范围的依据自然是客户地图，我们在本书"心法三"中提到客户地图可以根据"衣食住行"四个类别划分，也可以根据"十大职业"划分，但要想做到"大而全"，必须是两者相结合，我们的拜访工作需要根据客户地图但又不限于客户地图。

拜访客户的范围我们认为应该依据表5-1来进行，共九个类别：

拜访客户范围依据表　　　　　　　　　　　　　　　　　　　　　　　　　表5-1

客户类别	客户描述
大型企业	项目方圆5公里以内，企业效益良好，员工有较强的购买力
事业单位	项目所在区域的事业单位，有较强的购买力
优质商家	汽车4S店、大型购物中心、品牌商家等
优质资源	培训机构、医疗机构、金融机构、高端俱乐部等
优质社区	客群居住的社区，尤其是品质较好的社区
沿街商家	项目周边做生意的私营业主
行业领袖	每个行业中的领袖人物，工商联一般会有名单
老业主	购买了公司之前开发的项目，对开发商品牌有一定的忠诚度
编外经纪人	竞争项目置业顾问及其他行业销售精英

当然，对于不同类别的客户，我们的拜访目的不同，拜访方式也不同，有的是想直接产生销售，有的是洽谈资源合作，还有的是洽谈转介，可见我们的拜访量多么巨大。

2. 拜访客户前的硬件准备工作

在进行客户拜访工作之前，还需要准备大量的硬件工作，此工作分为五大类别（如图5-19所示）：

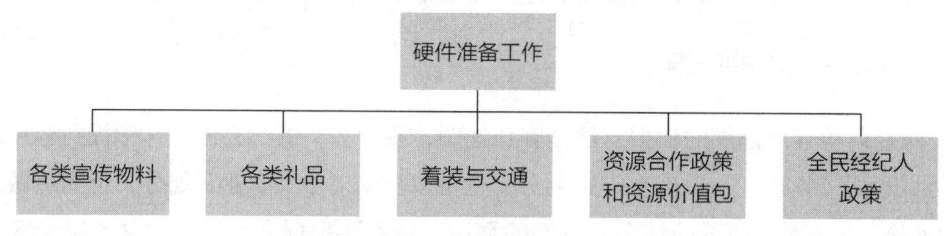

图5-19 拜访客户前的硬件准备工作

各类宣传物料包括项目资料袋，袋内包括楼书、海报、户型单页等，另外，还需要公司给你准备充足的名片，并将名片钉在项目宣传资料上，如有必要，为每一位拜访人员制作刻有他们姓名和电话的印章，以备不时之需。为了更加便捷地将项目生动地展示给客户，可以给每一位拜访人员配置一台iPad。

各类礼品的制作主要是为了避免拜访过程中出现的尴尬现象，它可以帮助拜访人员更加容易与对方见面，也可以增进拜访人员与客户的感情。但是礼品的价值必须是分级的，因为客户的层次不一样，客户的购买意向不一样，客户对项目的贡献度不一样，对待不同的客户需要不同价值的礼品。

着装方面，我们自然要求越职业化越好，体现开发公司的企业文化以及销售团队的职业精神；在交通方面，尽量使用公司统一配置的看房车，这也是一个流动的"售楼处"。

关于"资源合作政策和资源价值包"我们在"心法七"中已经详细说明，主要用于资源的开拓，以及对客户的维护。

最后，要带一份公司审批通过的"全民经纪人政策"，不管你拜访的客户是否购买，都要力劝该客户成为你的"经纪人"，签署"全民经纪人协议"。

3. 制定详细的拜访流程

可以直接产生销售的客户有大型企业、事业单位、优质商家、优质社区、沿街商家这五大类，针对他们要制定区别对待的拜访流程，总结下来拜访流程共计可以分为三类：

（1）针对企事业单位的拜访流程

第一步：见到核心人物

企事业单位的组织性很强，不会轻易允许拓客人员进入从事宣传工作，所以第一步是要见到核心人物如总经理、办公室主任、工会主席等，以便后期工作的顺利开展。

第二步：深入内部

获取了核心人物的帮助后，我们可以进入企事业单位进行内部推广，赠送礼品，开展团购活动，获得有意向的客户名单。

第三步：活动嫁接

有了第一次的接触之后，为了加强企事业单位员工与开发商直接互动，可以由开发商主导，组织部分员工到售楼处参与定制性的活动，从而达到导客进售楼处接受第二次筛选的目的。

（2）针对沿街商家的拜访流程

第一步：简单的资料派发

此时，陌生客户对拓客人员有很强的戒心和抗拒心理，这时要以传递项目信息为主。把拜访的面铺开，最大限度地多派发资料，多取回客户的电话。由于要拜访的客户众多，因此，第一步要讲究效率，如果遇到感兴趣的客户也要抓住机会深聊，吸引其成为我们的客户。第一步我们要实现的目标是：①获取客户的真实姓名和联系方式。②获得客户初步的购房信息，如置业目的、价格接受区间、对区域的认可度等。

第二步：对客户的回访

进行第二步回访的目的是初步甄别客户的诚意度，此轮拜访的重心向第一轮中稍具诚意度的客户倾斜，并且带好礼物，以赠送他们礼品的名义再次上门。此轮需要注意的是，对于已经表现出兴趣的客户重点拜访，利用他们的空闲时间坐下来详细聊聊项目的产品，以确定筛选的客户是否愿意上门。

第三步：邀请客户进入售楼处

经过前两轮的铺垫后，仍表示兴趣的客户基本上是有诚意购房的客户，此时我们需要派送邀请函，以活动邀约的名义让客户择时进入售楼处进行亲身体验。

（3）针对优质社区的拜访流程

第一步：社区踩点

通过发放小礼品或通过合作的形式与物业公司取得联系，了解业主的基本情况、入住率、兴趣爱好、作息时间等，同时还可以了解物业公司不定期举办的业主活动。

第二步：正式洽谈

通过初步了解之后，制定与物业公司合作的具体事宜，一定要尽可能多地与业主互动，以便留下客户的基本资料和联系方式。

第三步：定期回访

获取了客户的初步资料之后，需要进一步回访客户，同时还要不断审视和物业公司的合作情况，为以后的活动方向提供依据。

第四步：尝试邀约

对前三步筛选之后的客户进行定向邀约，邀请客户到售楼处参加活动。

4. 拜访转成交的六个动作

在客户拜访过程中，有六个动作是一定要做的，因为这与成交息息相关（如图5-20所示）。

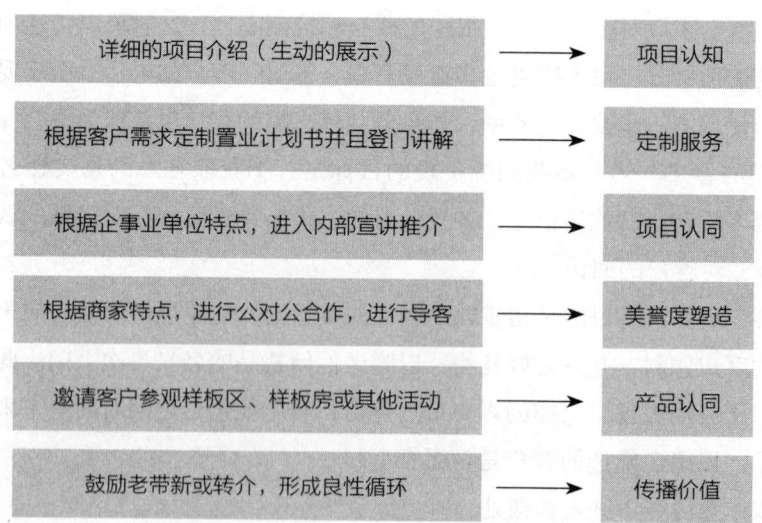

图5-20　拜访客户过程中的六个销售动作

我们要知道，当客户同意你去拜访他的时候，他对你的来意非常清楚，没有必要遮遮掩掩，只要我们用真心对待客户，用诚心感化客户，客户是不会拒绝你的。

我们千万不要再犯"希望熟人介绍"这样的错误，做好这些前期规划工作，拜访客户的效率就会大大提高。

当然，本节介绍的是大规模的拜访工作，主要用于项目前期起势或是客储阶段，如果客户已经来过售楼处，迟迟没有下定，拜访的流程和方式略有出入，这里就不再赘述。希望拜访人员能否正确认识到项目前期拜访客户的重要性，这是后期渠道拓客工作能否全面铺开的基础，也决定了渠道工作的成败。

线上拓客心法

随着微信、微博等移动端社交工具的出现，他们扮演着生活中不可或缺的角色，那么利用互联网工具进行客户拓展也成了渠道人员的必修课，甚至可以利用这些工具策划一些更加有意思的事件。掌握这些线上拓客方法，可以让拓客工作事半功倍，就像互联网大佬们所说：用心经营"朋友圈"，你的朋友圈才更精彩！

6

心法十四：
如何让微信和朋友圈成为有效的拓客工具？

腾讯公司于2017年1月份发布的《2016年微信用户数据报告》显示，全世界平均每天登录微信的人次已经高达7.68亿人，其中50%的用户每天使用微信的时长超过90分钟，每天平均发送微信消息为：95后81次，老年用户44次，其他用户74次；每月平均发红包的情况为：95后20次，平均每人370元；老年用户25次，平均每人380元；其他用户28次，平均每人580元。

如此惊人的数据令人咋舌，也就是说微信已经成为全球使用频率最高的移动端APP，因此，如何更好地使用微信及朋友圈进行拓客将是体现渠道人、策划人功底的重要参考项之一。

有人说，利用微信拓客无非就那么几招：做个微楼书、运营个公众号、发项目销售信息到朋友圈而已，其实这些只是微信拓客的初级形式，随着移动互联网的高速发展，微信拓客有了很多新玩法。

目前，微信与房地产营销相结合的形式大约有如下八种（如图6-1所示）：

以上八种形式中的大部分形式房地产营销领域已经运用得炉火纯青，有些形式甚至开始走下坡路，如微楼书、公众号推广、全民经纪人平台等因缺乏趣味性和参与性

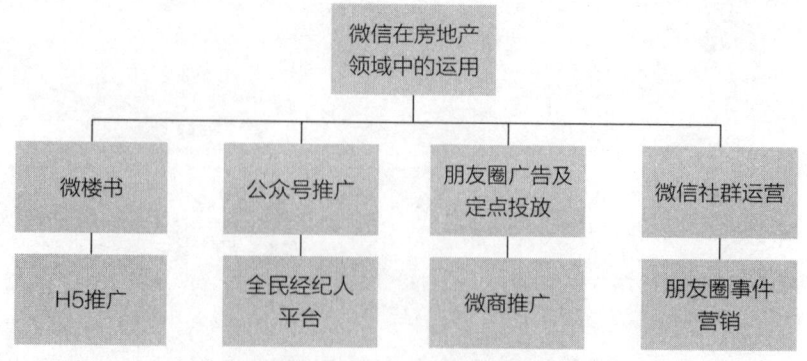

图6-1 微信在房地产营销领域中的运用形式

逐渐淡出我们的视线。笔者认为还有三种形式是值得我们继续提升和发扬的，那就是朋友圈推广、微信社群运营及朋友圈事件营销。

1. 朋友圈推广注意点

我们的微信朋友圈里每天都充斥着各类地产广告，但大多数效果都不尽如人意，乱象频生，这些广告存在诸多问题：第一，将官方公众号的文章转发了事，不做任何评论；第二，广告要么太硬，让人心生反感；要么不知所云，没有任何销售信息；第三，广告所配图片没有经过美化加工，显得项目档次较低；第四，文字配得过于粗俗，客户感觉"假大空"。

一个简单的朋友圈广告，反映的是开发商对项目品牌的呵护程度，对细节的把控程度，渠道人员只有用心编排每一则广告才会真正起到"拓客"作用。

我们认为，一则优秀的朋友圈广告应该具备如下五个特点（如图6-2所示）：

对于渠道人员来说，"拓客"是唯一的考量标准，因此，朋友圈广告要以销售信息为主，但是在发布广告时一定要注意，渠道人员的朋友圈广告与公司其他部门发布的朋友圈广告是不一样的，重点要推介产品，将该产品的优势以及稀缺性发布出来，让中介经纪人、转介人甚至是潜在客户只聚焦于你此次推出的主力产品。

如果你认为你所配的图片说明不了问题，一定要建议策划部针对某一个或某一类产品制作精美的H5或简单的动画，但要记住，一个H5不要超过6个页面，尽量要以图片为主文字为辅。

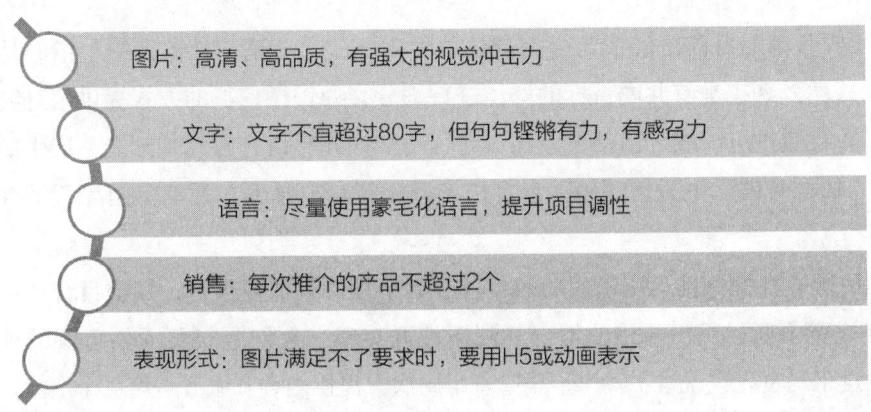

图6-2 优秀的朋友圈广告应具备的五大特点

微信广告文案案例：

苏州融创朋友圈部分广告文案

【亚洲十大超级豪宅：融创苏州壹号院】2016年一期开盘逆势热销，2小时即售罄！2017年二期瞰湖楼王，典藏房源，今日9：30启动限量排号！私藏国际都会湖湾岸岛园全系资源，盛起270°IMAX苏州湾震撼视界！140~160m²全奢装湖景大宅，恭迎实景鉴赏，Vip-line：××××××××。

2017年2月苏州土拍风云再起，楼面价：古城区约2.8万m²，科技城约2万元/m²，浒关已突破1.7万元/m²，花桥已突破1.6万元/m²！园区房价迈入5万元/m²时代！苏州东扩将零距离对接上海，昆山作为沪苏一体化、长三角城市群核心枢纽，必将成为最具上升空间的都会门户！融创中国&融信中国，千亿手笔擘划时代封面作品【昆山玉兰公馆】，2017启幕在即，敬请期待！

【融创苏州壹号院】早上工地实拍，2号楼7楼03室140m²，阳台看苏州湾美景！太完美！马上开盘，我要买一套自住，谁想做我邻居？

一大早被电话叫醒，让我先保留房源！客户太着急，还没上班呢！狮山御园法式叠墅开盘热销，即将售罄，珍藏房源绝版5席，9月30日最后一天是别墅收官之日！自10月1日起，洋房大平层全城预约，价格全面上涨15%！——新区唯一的纯低密度法式宫殿群【狮山御园】

2. 微信社群运营

"社群营销"目前已经成为微信营销的主力方式，所谓"社群营销"指的是将所有共同兴趣爱好或是有共同目标的群体进行细分，通过微信群的方式提供信息交流的平台，并且通过组织线下活动聚集在一起，增加彼此感情，在此基础之上产生商品的交易。"社群营销"是微信营销、老客户维系、新客户开发、活动营销等营销模式的集成。

在中国，社群营销运用最成功的莫过于秦皇岛的阿那亚项目，该项目曾经创造了在价格比竞争项目高出一倍的情况下利用社群实现三天创造5.3亿元销售额的神话，项目操盘手马寅先生说过：卖房子是第一个层次，提供内容和服务是第二个层次。从第一个层次到第二个层次，以提供服务来维系内容。第三个层次就是收获社群，之前开发商建客户群就是为了把房子卖给客户，客户名单只有物业服务和下一次销售时才有用。开发商销售完成后躲客户唯恐不及，下面就意味着接连不断的麻烦和投诉。而旅游度假地产，社群的力量相当重要，开发商、开发商的合作者、业主，共同形成一个社群，他们共鸣、分享、互动，相互连接创造价值。

目前，很多房企和项目都在建立自己的微信群，但可惜的是，对于建立微信群的目的虽然很明确，但是有效办法并不多，发红包转发信息似乎成了唯一手段，这也许可以带来一部分客户，但是客户"水分"很大，拓展来的客户对项目的成交没有任何帮助。

（1）微信群的类别

首先，我们来谈谈应该建立哪些类型的微信群。我们认为，从拓客角度来说，至少需要建立四种类型的微信群（如图6-3所示）：

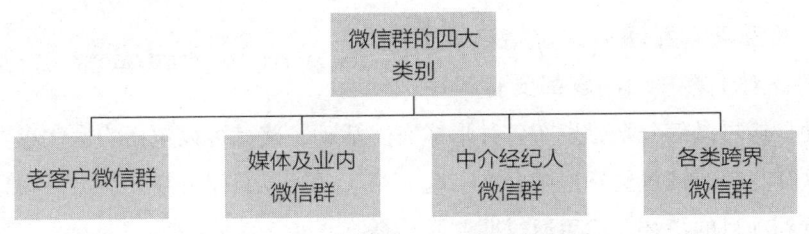

图6-3　微信群的四大类别

老客户的微信群主要用于信息的交流，如天气提醒、项目进展、老带新政策的宣导、老客户活动的通知、老客户投诉的处理等，一般由案场经理全权负责。

媒体及业内微信群主要是将项目的最新动态通知媒体和业内人士，以增加项目在媒体圈里的影响力，此群一般由策划部负责人负责。

中介经纪人微信群主要用于中介政策的宣导、特殊房源的宣导、中介门店及经纪人导客和成交排名宣布等，此群一般由渠道负责人负责。

各类跨界微信群是社区营销的主力，主要是将一切有共同爱好的人聚集在一起，通过开展各类活动或话题分享增加彼此之间的感情，此群的负责人不局限于某一个部门，凡是对该领域有特长的人都可以负责，但是要对负责人设置相应的工作要求和考核要求。

以秦皇岛阿那亚项目为例，开发商根据客户要求建立了"有一种生活叫阿那亚"、

"阿那亚时尚达人圈"、"阿那亚摄影旅游群"、"阿那亚生态农庄"、"阿那亚精灵王国"、"阿那亚跑跑吧"、"阿那亚爱马仕"、"阿那亚慈善群"、"阿那亚滑雪俱乐部"、"阿那亚篮球队"、"舌尖上的阿那亚"、"阿那亚夕阳红"、"阿那亚家居装饰群"、"阿那亚互助会"、"阿那亚话剧社"、"阿那亚医疗养生"等五十多个社群，囊括了上百个领域。

（2）微信群的互动形式

建立了诸多微信群之后，我们需要通过一系列手段经营微信群，增强客户与项目的黏合度。地产自媒体联盟成员赵猛先生说过，除了必要的销售信息之外，微信群的运营至少要遵循三大要素（如图6-4所示）：

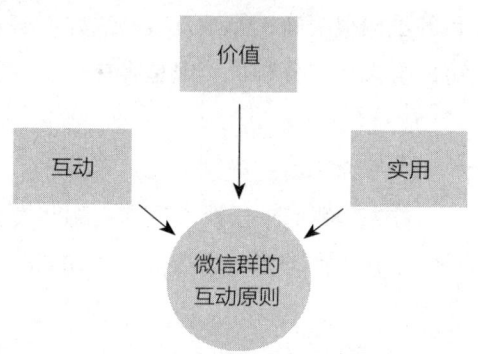

图6-4　微信群运营的三大要素

首先是互动。互动形式包括三方面：一是问答，对于客户的问题都要有解答。二是活动，通过微信公众号发布各种形式有奖活动，奖品可以包括购房优惠券、物业费等，这样与项目销售更好地结合在一起。第三，可以组织发起公益类活动，让客户和媒体看到项目的情怀，然后通过朋友圈传播。

其次是价值。除了卖房，可以提供更多有价值的信息，比如天气预报、星座运势、路况信息、本地新闻等等，这样才会提高客户黏性，群的价值才会凸显，而不是除了发红包外，群里一片死寂，或是垃圾信息充斥。

最后是实用。可以邀请一些跨界专家入群，比如医生、律师、教师等群体，这些特殊群体基本是每个人都需要的。指定时间设定不同主题，让专家们和群里的成员互动，这样可以让大家各取所需，增加客户黏性。

（3）社群的管理原则

社群可以是多种多样的，话题也可以有所不同，但是在管理过程中，一定要注意三个导向：第一，以"共同话题"和"共同兴趣"为导向，并且要有线下活动为最后实现的平台（对于渠道人员来说，售楼处和样板区就是开展线下活动的最佳场所）；第二，开发商主导，社群可以无限扩大，但对于相对核心的内容要保持统一口径；第三，开发商工作人员必须实名参与发言。

社群管理经典案例:

秦皇岛阿那亚项目的社群管理

我们依然以阿那亚项目为例,该项目作为旅游地产的升级版,为客户和业主提供了强大的硬件和软件设施,阿那亚所有场所设计的目的就是:提供给客户的不是一个房子,而是一个休闲度假的场所。

阿那亚有海边的沙滩,有足球和排球场,可以钓鱼,可以在水上帆板冲浪,可以在沙滩吧发呆游玩;有沿着海边的跑步道,有农庄,有湿地的观鸟屋,有骑马,有图书馆和礼堂,以后还要做美术馆和拓展训练营,青少年的营地和国际幼儿园……这些构成了阿那亚的基本的场所和内容。有了各种场所,各种活动就自发开始了。比如到晚上,沙滩上会有篝火晚会,老电影也会在沙滩上上映。业主们还会组织各种各样的比赛,组建自己喜欢的组织,如话剧社和读书会。

有的开发商也组建社群,但社群最终和项目的关系越来越弱,那么,阿那亚的社群运营和别的有什么不一样呢?

阿那亚项目目前入住的业主有200多户,二期700多套房源已全部售完,共有约1500名业主。目前在阿那亚拥有50多个社群,其中500人的业主群有3个,其他社群也基本在300~500人左右。

最主要的几个群都是开发商当群主,因为只有开发商和所有人都有联系,才可以把所有人都拉进来。业主之间慢慢地相互感兴趣了之后,会相互再加,形成各种兴趣群,比如水上运动群、跑步群、中医养生群、父母群、儿童教育群、读书群等。

有的开发商建了微信群效果不好,很可能是因为开发商在群里没有实名,和大家没有互动。只有开发商老总、物业管理层必须一直在群里和业主分享,项目才不会被边缘化。

阿那亚老总马寅在群里是最积极的,如果他一天没出现,大家就会问"村长呢?村长去哪了?"开发商是客户关心惦念的对象,这个很重要。而也只有开发商在群里,才可以把客户在群里提出的各种想法实现到项目当中去。

3. 朋友圈事件营销

利用朋友圈制造新闻话题从而达到拓客、品牌推广、客户维护等目的也是当下最

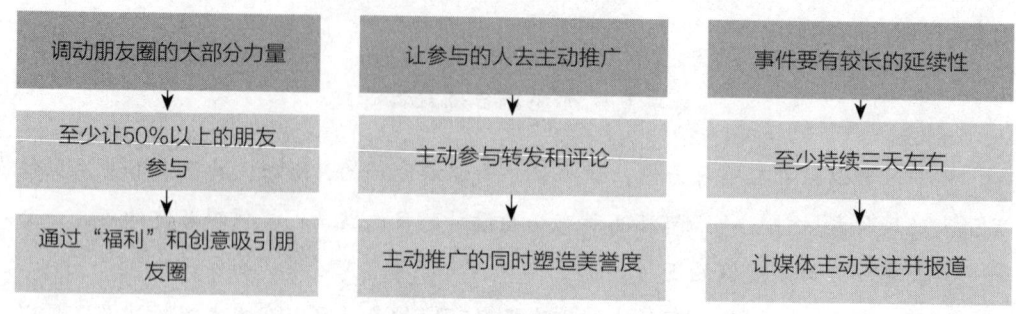

图6-5 朋友圈事件营销的三大要求

为流行的营销方式之一。

目前朋友圈事件营销大多还停留在"送礼物、晒图"这种传统的模式，这种方式不是不好，但是至少存在两大问题：第一，受众面太小，大多是业内同行和媒体圈的"自嗨"，真正的潜在客户并没有关注此事；第二，礼品扎堆，缺乏创意，形同"鸡肋"。

真正的朋友圈事件营销至少要达到三个要求（如图6-5所示）：

朋友圈的潜能是巨大的，只要我们的创意足够好、福利足够吸引力，的确会引发朋友圈的关注与参与的，每个人微信里的好友少则500人，多则数千人，然后微信好友再去影响其他人，要想做到"全城皆知"并不是难事，就好像我们常说的"六度分离理论"，根据这个理论，你和世界上的任何一个人之间只隔着五个人，不管对方在哪个国家，属哪类人种，是哪种肤色。

另外，朋友圈内的新闻最佳传播时间是事件发生的12小时之内，再过12小时话题性开始减弱，再过24小时影响力几乎为零，但是我们可以通过事件不断升温来维持话题的新鲜感，让影响力持续更久。

朋友圈事件营销经典案例1：

龙湖地产"20万元租朋友圈"引爆苏州城

2016年7月，苏州龙湖地产为了给即将开盘销售的"龙湖时代天街"三期产品——紫宸造势，策划了一起"20万元租朋友圈"活动。

"租朋友圈"？是不是听起来很新颖？龙湖出广告费，你只需要将头像换成"紫宸"的LOGO即可。

操作办法非常简单，只有四个步骤：建群、拉人、换头像、发红包！

首先，龙湖地产工作人员利用自己的朋友圈建了若干个微信群，而且允许其他好友随意拉人进群，客户进群之后会收到一张龙湖准备好的紫宸logo，只要客户把原来的头像换成紫宸的logo即可参与抢红包活动。

为了增强客户的"忠诚度"，工作人员每天整点发放微信红包，每天共计10波红包袭来。如群内成员未更换头像，整点前群主会将其移出此群，3天微信红包发放结束后，群主解散此群。

活动取得了空前的成功，很多参与者纷纷晒出每天的"战绩"，不断影响着朋友圈，还有很多参与者反映不少好友都认为他们改行卖房子了。

活动3天，20个微信群，大约20万元现金红包，吸引了18726人疯狂参与，龙湖官方微信增粉16292人，售楼处来电412通！如果按照人均200个微信好友计算，去掉重复好友，总计能够看到龙湖紫宸头像的人数约300万人。

朋友圈事件营销经典案例2：

一本有情怀的定制书：《2016，从你的朋友圈路过》

位于苏州新区何山路商圈的"北辰·旭辉壹号院"从2016年入市，也在2016年成长，三次开盘都取得了不错的战绩，年销售额近20亿元，遥遥领先片区竞争对手。

2016年，除了漂亮的业绩，该项目负责人更希望"沉淀"另外一个东西——那就是这一年来，该项目与客户、合作方之间的点点滴滴。经过项目策划组的精心酝酿，他们决定与著名大V号"信玉堂地产"合作，于是，一场以【2016，把时光留下】为核心的传播奇迹，就这样悄悄地传播开了。

事件的开展和炒作主要分为三个步骤：

第一步：悬疑营造——8小时内4波刷屏

在2016年年末12月12日上午10：00开始，系列刷屏稿出现在朋友圈、微信群、苏州各大媒体以及旭辉的官方微信，主题为"留住你的2016"。

仅仅过了几个小时，在当天下午14：00，新一波的刷屏稿再次出现，这次主要针对房地产业内仕、媒体大佬、重要客户，同时向客户宣布：神秘礼物在路上。

傍晚19：00，媒体纷纷回应，猜测这份神秘大礼到底是什么？

截至12月12日晚上8点，一天内出现了四波刷屏，"高频"的传播方式，基本捕获了所有的圈层，总计覆盖人数破10万人，立刻让业内外翘首以待。主诉求也很清晰，就是"把时光留下"，至于怎么留？会有什么神秘礼品？都放在第二天公布。

第二步：悬疑揭秘——一本令人感动的书

在12月13日，北辰·旭辉壹号院正式启动"揭秘"，在当天上午10：00，先通过旭辉人、合作方、媒体、客户等，刷了这样一张稿子，意思是"时光在朋友圈里"。

12月13日下午14：00开始，陆续有苏州的各界媒体人纷纷晒出了他们与书的合影，他们都拿着一本书，图上都有二维码，据称有超过100位媒体人主动代言。

紧接着朋友圈里百花齐放，很多人开始收到《2016，从你的朋友圈路过》这本书（见图6-6），人群覆盖面极广，有公司高管，有行业大咖，甚至还有小职员，凡是收到这本书的人都非常感动。

图6-6　北辰·旭辉壹号院项目为客户定制的微信书

这次北辰·旭辉壹号院项目没有跟任何人打招呼，而是细心地翻阅你一年的朋友圈，图片、文字全部保存，就连小视频都存储好（用二维码扫描居然可以播放），然后形成一本100多页的个人定制书。

第三步：全城申领微信书

12月14日起，北辰·旭辉壹号院正式开启了【全城申领】通道，所有苏州人都有机会定制《微信书》。项目营销负责人鄢总，亲自上阵，为大家讲述送这本书的初衷和意义，苏州日报、搜房网、1048交通广播等，也纷纷报道此事。

同时，朋友圈刷屏、微信群互动、官方微信、城市大号等各个渠道均已铺开，用"申领"的方式在自媒体端覆盖了近十万人。其中，北辰·旭辉壹号院的官方微信陆续围绕申领人的故事出了系列的推广，圈层被一次又一次地打开。

这一微信事件营销环环相扣，情节跌宕起伏，有情怀、有内涵，堪称数年来微信事件营销的经典战例。

心法十五：
如何通过互联网思维开辟宽广的渠道拓展模式？

运用互联网工具进行拓客的办法有很多，除了在"心法十四"中我们谈到的微信之外，还有微博、QQ群、知名网络论坛等传统模式，甚至还有联合淘宝网吸引线上客户的这种新颖的拓客方式，这些方法笔者在《房地产渠道管理一本通》中全部有涉及。

本节我们将重点谈谈如何运用互联网思维开辟更加宽广的渠道营销模式。

渠道拓客人员做的都是"苦差事"，每天不断地在寻找客户，逐个击破，效率低下，那你们有没有想过通过互联网思维在短时间内寻找到更多的客户？

最早提出互联网思维的是百度公司创始人李彦宏。他说，中国的企业家们今后要有互联网思维，可能你做的事情不是互联网，但你的思维方式要逐渐从互联网的角度去想问题。互联网思维有"六大特征"和"五大关键词"，其中"六大特征"指的是大数据、零距离、趋透明、慧分享、便操作、惠众生，"五大关键词"是便捷、参与、免费、数据思维和用户体验。笔者经过提炼，认为有三个关键词与房地产渠道的线上拓客是有紧密关联的：大数据、免费、便捷。

1. 哪些资源的数据可以被房地产渠道所用？

原则上来说，所有数据都可以被房地产渠道所用，只不过国家法律对公民信息的保护越来越健全，而且拥有客户数据的商家对这些数据也越来越珍惜，所以要想和资源方的"大数据"合作绝非易事。不过我们如果寻找到一条合适的合作道路，数据还是可以被挖掘到的。根据经验，有五大类互联网数据可以尝试沟通使用（如图6-7所示）：

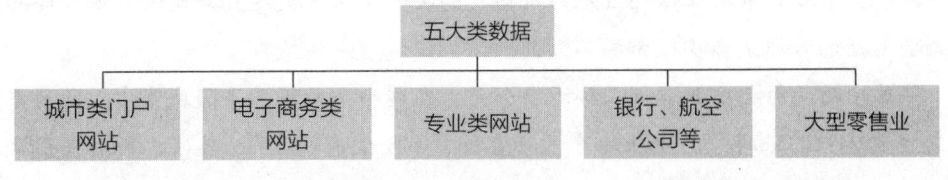

图6-7　可以运用于房地产渠道拓客的五大类互联网数据

城市类门户网站指的是项目所在城市中可以代表城市形象的门户网站，但网站需要有超大的客户储备和活跃用户；电子商务类网站指的是淘宝、京东等以线上销售为主的交易平台，此类网站客户量极大；专业类网站指的是专注于某一个领域的网站，如房产网、财经网、金融网、汽车资讯网等；银行、航空公司有健全的CRM系统，储备了大量的高端客户，如果这些数据可以被渠道所用，效果出乎意料；大型零售业指的是项目所在区域的知名购物中心和高端超市，目前众多零售业也在寻求客户资源方面的嫁接合作，但往往成功的不多。

互联网数据库运用案例：

苏州丰隆城市中心与山姆会员店的 11 万用户

2016年6月，苏州知名购物中心邻瑞广场启动开业两周年庆典，主办方向社会公布了招商合作方案。

要知道，邻瑞广场是苏州知名的高端消费场所，全球知名的山姆会员店就开在里面。拥有敏感嗅觉的丰隆城市中心项目立即与商家取得联系，就合作形式举行了多轮谈判。

本来邻瑞广场只想为项目提供展位，但是更加吸引项目的是山姆会员店的11万客户资源，经过焦灼地谈判，最终双方达成合作：

1. 邻瑞广场内部所有视频机广告必须要有项目的平面广告。
2. 邻瑞广场免费为项目提供为期10天的动态展点。
3. 邻瑞广场内部至少要有两幅大型喷绘画面无偿赠送丰隆城市中心。
4. 邻瑞广告所有派发出去的物料上必须要有丰隆城市中心的销售信息。
5. 山姆会员店会以官方微信和短信的形式推广活动信息，但信息中包含项目广告。

最终，丰隆城市中心以15万元的价格"购买"了对方大约50万元的资源，要知道山姆会员店的资源是多少钱都买不到的。

邻瑞广场两周年庆典举行了接近半个月，在这半个月里，丰隆城市中心的形象到处充斥着客户的眼睛，不少房地产同行直呼"丰隆太有钱了"，其实，所有费用只有15万元而已！

2. 如何将"免费思维"运用到渠道拓客中去?

在图6-7中我们列举了房地产渠道拓客可以运用的五大类互联网数据,但是这些数据是极其宝贵的,资源方不可能轻易将数据贡献出来,就算是要合作,也希望开发商耗巨资以回馈客户的形式进行资源的共享合作。

虽说天下没有免费的午餐,但我们可以通过一系列的合作和资源交换尽量将拓客成本降至最低。我们建议的做法是:

(1)以合作换资源

开发企业是资源和资金密集型企业,需要大量的合作方,如银行、媒体、商户等,我们可以建议公司在与对方合作时开辟出便于渠道部拓客的"绿色通道",那就是客户资源的共享。虽说对方不可能提供客户名单,但是我们可以在后期通过活动或现场推售的形式与客户接触。

在与媒体合作时,尤其是门户网站和专业类网站,可以拿出部分房源让其独家代理,代理佣金要略比市场高出一些,这样的条件一般不会遭到拒绝。

(2)以资源换资源

开发商可以利用自身的资源优势,如旗下的购物中心、各类高端配套与专业类网站或银行、航空类组织合作,让他们的客户独享优惠或增值服务,从而换取对方的资源。

(3)以服务换资源

如果以上两点你都没有,那么只有借对方回馈客户的时候,以较低的成本介入回馈活动,通过为客户提供增值服务、礼品、折扣卡等形式接触客户。

以合作换资源案例1:

苏州丰隆城市中心牵手××网

2015年夏季,苏州丰隆城市中心为了加快销售速度,与苏州当地知名门户网站——××网达成合作。合作条件如下:

1. 丰隆城市中心开辟两个楼层(合计48套房源)交由××网独家销售,每套佣金4万元。

2. 丰隆城市中心为××网员工提供免费培训服务，所有置业顾问必须为××网导入的客户提供服务，置业顾问的佣金由开发商承担。

3. ××网必须免费为项目提供推广服务，推广幅度不限。

4. ××网开启后台数据库，向所有注册会员（约120万用户）发送项目信息，向30万活跃用户发放"专属购房优惠卡"。

合作开启后，尤其是上述的第四条工作完成之后，售楼处来人量暴增，仅45天之内该网站的专属楼层销售一空，同时还为项目带来了购买其他楼层的客户。

以合作换资源案例2：

苏州丰隆城市中心牵手上海某商旅网

继与××网成功合作之后，丰隆城市中心项目再度发力，与上海某商旅网站达成合作。合作条件如下：

1. 该网站和开发商签署战略同盟，为项目的部分40年产权产品提供酒店管理服务。

2. 该网站必须开启后台数据库，将经常往返于上海和苏州、北京和苏州的商旅客户筛选出来，向此类客户发送项目信息，提供"专属购房优惠卡"，并且在PC端、移动端发布关于项目投资的广告。

3. 该网站全国所有实体酒店为项目提供免费宣传平台。

此合作开启后，一度难以销售的40年酒店式公寓吸引了上百名外地投资客来访，成交率达到60%以上。

3. 如何更加便捷地让线上数据转化为成交数据？

在合作达成之后，渠道管理者应该更加注重将线上的数据库转化为成交，否则只能给项目带来品牌方面的宣传。为此，我们需要做好如下五个方面的工作（如图6-8所示）：

上文我们说过，数据库是每家公司尤其是互联网公司的核心机密，不可能交由开发商处理，也不能将广告硬性地灌输给客户，否则会引起客户的极大不满，体验感很差。因此，我们必须将一些软性信息通过后台发送给客户。

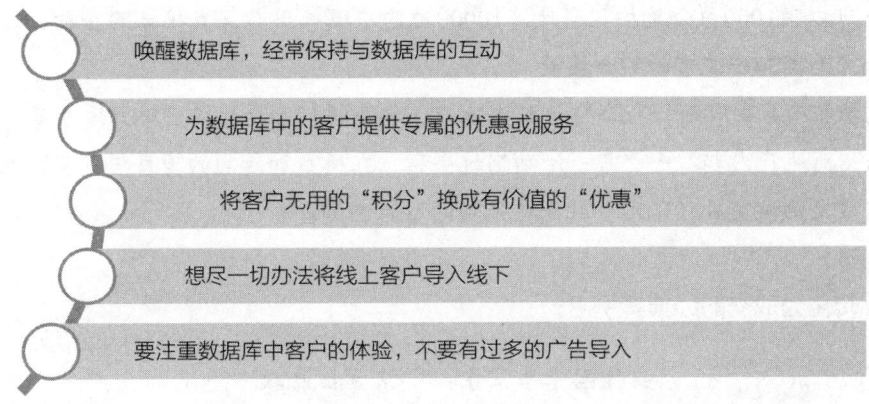

唤醒数据库，经常保持与数据库的互动

为数据库中的客户提供专属的优惠或服务

将客户无用的"积分"换成有价值的"优惠"

想尽一切办法将线上客户导入线下

要注重数据库中客户的体验，不要有过多的广告导入

图6-8　将线上数据库转化为成交的五个动作

其次，既然是让客户更加有体验感，所以必须要让客户享受尊崇感，第一步就是要将没有用的"积分"兑换成有价值的"优惠"，如银行信用卡积分、航空公司VIP卡积分等都可以发挥出效用；第二步，必须要让这部分客户拥有专属购房特权，这一方式主要是为了保障渠道部的利益，通过这一专属特权购房的客户应归属于渠道部。

最后，线上客户体验感再好始终都是虚无缥缈的，如果不能转化为"来访客户"统一视为无效，因此，我们必须通过各个网站的特点，通过线下活动的形式将客户导入线下，促进成交。

数据库转化为成交的经典案例1：

招商地产唤醒 2300 万招商银行信用卡客户

2014年11月21日下午，招商银行与招商地产战略合作方案报告会暨战略合作协议签约仪式在深圳蛇口招银大学举行。

2014年，招商地产已成立30周年，且实现成功上市21周年，铸就了强大的综合实力、抗风险能力，布局全国30个重点城市，物业服务10万余户，客户资源非常丰富。

同为招商系核心业务的招商银行，截至2013年末，在中国大陆的110余个城市设有99家分行及934家支行，信用卡持卡人数2300万人，拥有庞大的客户基础、广为人知的品牌、品种繁多的产品和优质的服务。

他们此次合作中，最惹人关注的是"招商银行积分抵房款"活动：招商银行信用

卡客户可以用1000积分兑换招商地产10000元购房现抵用券，直接抵购房款，适用于招商地产全国24个城市的47个楼盘。

这场招商系内部跨产业合作使招商地产、招商银行和消费者实现三方共赢。

据招商地产内部人士透露，活动刚过半程，在所参加活动的项目中，实际利用积分购房成交的就突破30亿元，且保持强劲的增长态势。

数据库转化为成交的经典案例2：

碧桂园牵手京东："京豆抵房款"

2014年12月18日，碧桂园与京东合作推出"京豆抵房款"活动。京东会员除可以享受线下优惠外，还可用"京豆"享受额外优惠，用户只要在京东聚合页面点击碧桂园旗下楼盘，便可跳到楼盘专题页面，再点击"京豆"兑换页面，用户便可以用一定数量的"京豆"，兑换相应的房款抵扣券。兑换成功后，京东会将房款抵扣码发送短信至用户手机和京东站内信，用户凭此去线下购房时实现抵扣。

这次房产与互联网的活动其实是一种渠道导客的大策划活动，据京东某高管透露，京东商城总体注册用户数量上亿，其中活跃用户在5000万以上，这一活动等于导入了5000万用户，值得业内借鉴。

圈层营销心法

圈层营销，几乎每一个地产营销人都推崇备至，可惜的是，在运用圈层营销时大多浮于表面，导致"圈层活动天天有，成交数据天天愁"的尴尬局面。其实随着城市圈层被开发商反复利用，资源面临枯竭，效果自然越来越差，所以，现在的房地产市场应该是迎来创造圈层的时候了！

7

心法十六：
如何走进圈层？如何创造新的圈层？

一提到圈层，大家脑海里浮现的第一个关键词肯定是：有钱人！这是狭隘的看法，其实我们每个人都生活在圈层里，只不过我们的圈层结构比较复杂，有的是平行的，有的是垂直的。当然，对于房地产渠道人员来说，走进圈层就意味着利用平行圈层的辐射力，不断在垂直层面寻求更高的圈层。

圈层虽是虚无缥缈的，但是有章法可循的，很多渠道人员一旦被要求去进行圈层开发，往往无所适从，不得要领，要么不知道圈层在哪里，要么认为圈层高不可攀，要么不知道该如何融入圈层，要么开发的圈层无效。所以，要想开发圈层、走进圈层，首先我们要有一颗平常心，因为你的圈层是立体的，别人的圈层也是立体的，人与人之间的关系之所以被称为"交际圈"，正是因为人与人之间的交集是千丝万缕的。那么，有了一颗平常心之后，我们该如何走进圈层呢？

1. 如何走进圈层？

（1）认识资源

在走进圈层之前，我们要对圈层有基本的判断和认识，找错了圈层就等于无效劳动，对成交更加无益。

我们认为评判一个圈层是否有效，至少有四大衡量标准（如图7-1所示）：

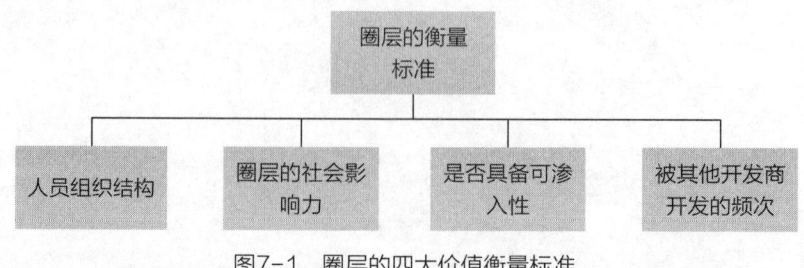

图7-1 圈层的四大价值衡量标准

人员的组织结构

主要是圈层内客户的层次，职业、职务、经济能力、社交范围等，尤其是遇到了"二手资源"，一定要更加小心，亲自去探明情况。

圈层的社会影响力

最好是找一些有社会公信力的圈层，有政府相关背景尤佳，如果有些圈层是民间的自发组织，一定要调查该圈层的过往履历。笔者曾经接触过由一群台湾富太太自发组织的"妇女俱乐部"，虽说里面的人都拥有强大的背景，购买力也很强，但通过一些渠道发现这个组织常常参与一些社会活动，但是对商品没有任何的购买兴趣，经常是参加完了事，这样的圈层就是无效圈层。

是否具备可渗透性

再好的圈层如果不可以渗透也等同于无效资源，因为有些高端圈层的确提出了"去商业化"的思想，任何活动没有商业方面的合作。如果遇到此类圈层，可以暂缓开发，等待其他契机。

被其他开发商开发的频次

如果一个圈层被过度"开发"，也不是一件好事，这说明很多购买力已经被竞争项目挖掘过了，在这个时候，我们需要严格审查圈层内客户的层次，在保证客户质量的前提下，先进行试探性的、低成本的商务合作。

（2）走进圈层和发掘圈层

圈层其实是无处不在的，发掘圈层的办法有很多种，对于渠道拓客人员来说，开发圈层的第一步应该由公司内部开始，因为开发公司的每一个部门都会有数量较多、质量较好的合作方（如图7-2所示）。

渠道负责人和营销负责人在项目完成了客户地图的绘制之后首先应该与公司各

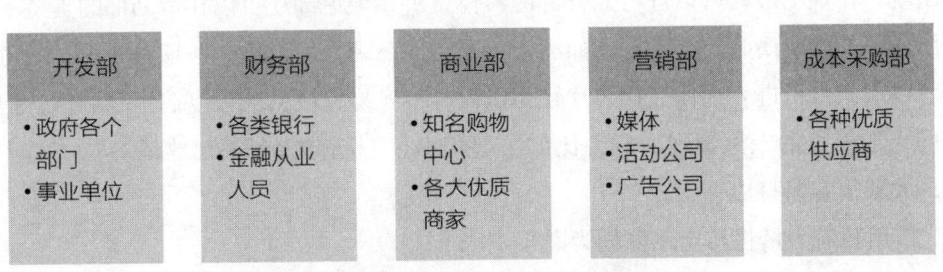

图7-2　开发公司内部可能拥有的圈层资源

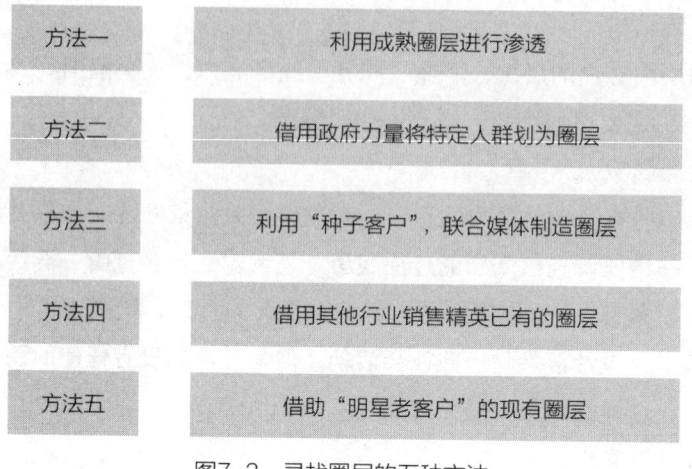

图7-3　寻找圈层的五种方法

个部门合作，列举出一张资源清单，并且找到关键人，在关键人的引荐下去接触该圈层。

在相关资源用尽的情况之下，我们开始考虑"自力更生"了，那么，方向在哪里？如何更加快捷地寻找到圈层呢？在这里，我们向大家介绍五种方法（如图7-3所示）：

利用成熟的圈层进行渗透

目前市面上成熟的圈层非常多，有航空俱乐部、车友俱乐部、高端商会、餐饮协会、马术俱乐部、游艇俱乐部、财富俱乐部等，这些圈层内的客户相对高端。最为重要的是，这些组织中的大多数是经营性质的，他们经常会举办一些比赛或是客户回馈类的活动，而且常常会进行招商。遇到这样的情况，渠道人员必须马上跟进，最好的办法是提供场地赞助，尽量让客户能够进入售楼处，实在不行，可以以礼品赞助的形式出现，在现场最好可以进行几分钟的项目宣讲；渠道部还可以在策划部的支持下，与已成熟的圈层搞联谊活动，比如酒会、餐会等，现场可以做一些项目展示，渠道管理者以个人身份进入现场交换名片互相认识等很容易完成；还可以搞主题活动，把有共同兴趣爱好的人聚集在一起，比如一起爬山、一起寻宝、一起放风筝、一起垂钓等，大家很容易打成一片。

借用政府力量将特定人群划为圈层

我们还会遇到一些不在高端俱乐部里的高端人士，诸如医生、老师、IT精英等人士，他们大部分时间在单位上班，可以到单位里寻找到关键人进行团体推售，另外，让政府组织可以达到事半功倍的效果。

比如某项目想把外国人组织起来，我们可以找到外商联谊会；想组织未婚男女，可以通过妇联、团委、青年商会、婚庆公司等把他们组织起来搞活动；想组织医生群体，可以通过卫生局、医疗委员会等部门。

利用"种子客户"，联合媒体制造圈层

每个城市都有自己的最高端圈子，演艺界、企业界、银行界都有。如果没有任何前期积累，要把各界最高层客群聚集到一起最容易的模式就是：通过媒体搞活动。比如，针对时下热点搞论坛，或者搞大型公益活动，邀请不同领域的最高端人士出席。最高端人群中，只要有几位能够成为房企的客户，就会带动整个圈子。与最高端人群搭上线后，针对个人搞特别经营，也能收到意想不到的效果。

借用其他行业销售精英已有的圈层

其他行业的销售精英（如图7-4所示）手中握有非常多的成熟圈层，如果加以利用，可以为"走进圈层"提供很多捷径。这类人群需要我们多费工夫去拓展和维护，首先要把他们发展成为编外经纪人，然后再依托公司的资源将他们的圈层导入售楼处。

借助"明星老客户"的现有圈层

已经成交的客户对项目有极强的忠诚度，对推介项目乐此不疲，我们可以在成交

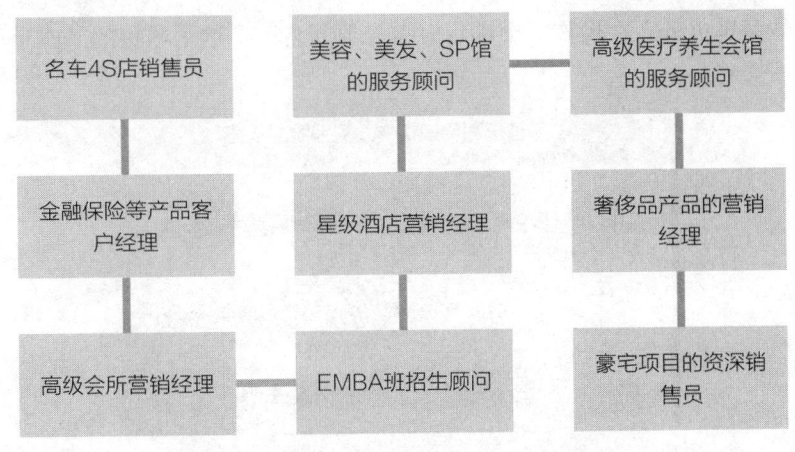

图7-4　可以提供优质资源的九大销售精英

之后，观察每一位老客户的表现，并且深入了解他们的圈层质量，用心维护，可以挖掘出一大批优质客户，这种做法在豪宅项目上运用广泛。

2. 如何创造新的圈层？

当我们在苦苦寻找圈层的时候，我们是否想过把项目本身打造成为高端圈层让所有高端客户心驰神往？

随着房价的日益攀升，商品房产品结构发生转变，人们的购房品位也在逐步提升，"刚需"这个概念将在一二线城市渐渐淡出，改善房、品质房、豪宅等产品接踵而来，再加上圈层资源越来越失去功效，渠道拓客难度不断加大，因此，将项目本身打造成为高端圈层可以起到出人预料的效果，不仅提升了项目调性，增加了项目的知名度和美誉度，还减轻了渠道拓客压力，最为关键的是慕名而来的人层次都不会低。

笔者在苏州曾亲耳听过两位高端客户这样的对话：

"下午有事吗？去桃花源喝茶怎么样？"

"还是别了，进桃花源比见市长还难！"

此话虽说有夸张的成分，但是从侧面反映出桃花源项目在苏州已经成为一个高端品牌，已经成为一个普通人不敢企及的圈层。

然而，自行创造圈层并不是容易的事，更不是一朝一夕的事，为了搭建这样的平台，我们要做的工作还有很多（如图7-5所示），而且每项工作都要做得精细、高端、有内涵。

（1）树立排他性的高端形象

每一位营销负责人在操作一个项目时首先要问自己：这个项目的灵魂是什么？

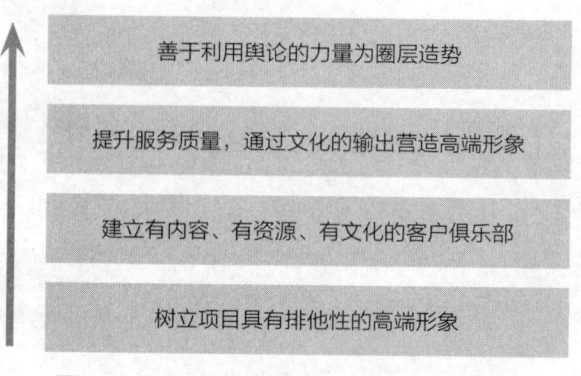

图7-5 打造项目高端圈层的四大递进式手法

这个"灵魂"就是项目的营销总纲，也是客户的购买理由。

比如苏州桃花源项目，灵魂就是"收藏品"；比如上海的汤臣一品项目，灵魂就是"稀缺"；比如杭州玫瑰园项目，灵魂就是"稀世珍品"……这些都具有高度的排他性，我们必须在项目起势之初就要灌输给市场。

（2）建立有内容、有资源、有文化的客户俱乐部

客户俱乐部的建立不仅仅是一场"揭牌仪式"，应该注意三点内容：第一，必须依附于某个知名品牌或知名组织，借助品牌影响力推广自己的高端圈层；第二，俱乐部内部必须要有丰富的内容，这些内容必须具有独享性，提高参与门槛，让参与者有尊崇感；第三，文化的价值是无法丈量的，而中国的高端圈层最喜欢玩的就是"文化调性"，所以俱乐部的大部分内容要与文化有关。

（3）提升服务质量，通过文化输出营造高端形象

有了内容之后，我们需要将所有的设想落地，首先，我们必须利用售楼处或样板区开辟出较大的空间用于活动的落地，毕竟，圈层需要一个相对私密的空间，在这个空间里，客户可以论道中国经济，可以论道健康养生，可以举行私人party，可以沉迷艺术海洋……我们还需要借力成熟的圈层资源为项目品质加分，为渠道拓客提供便利。

（4）利用舆论影响力为圈层造势

圈层最大的价值在于影响力。

无论项目举行了何种高端圈层活动，必须要借助媒体的力量传播出去，让更多的潜在圈层心生向往，让更多徘徊在圈层之外的人愈加憧憬。

做到这个程度，圈层已然成功。

创造圈层的经典案例：

中国 ONE 家族俱乐部：致敬财富精神，致意中国家族

2016年7月30日，由融创·苏州壹号院打造的塔尖阶层家族社交平台——中国ONE家族俱乐部正式揭幕，联袂苏州两大顶级圈层平台——中国桃源会、中国御园会，实现资源无缝对接与共享，为万亿顶富圈层家族成员量身定制"臻生活"服务体系与"ONE私人专属定制体系"。

揭幕仪式现场，前加拿大皇家商业银行首席私人银行家、现上海创冠投资创始人

图7-6　中国ONE家族俱乐部揭幕仪式现场

陈晓敏，前英国渣打银行区域行长、现上海德骏资本创始人欧阳春炜，文秋家族办公室创始人邹文秋，中国人民大学客座教授、中伦律师事务所合伙人贾明军等一众贵宾发表主题演讲，来自港、沪、京、苏的金融行业精英悉数出席，长三角数百名资产过亿的超高净值企业家圈层云集于此，与新华社、人民网、搜狐、网易、澎湃新闻、21世纪经济报道、香港文汇报等近百家国内外媒体一道，共同见证这一代表中国圈层文化的顶级盛事，为极致成就喝彩（见图7-6）。

ONE家族俱乐部成员不仅可以享受到苏州融创旗下的中国桃源会和中国御园会的所有服务和资源，还可以尊享更加奢华的服务——会员无论私人出行抑或商业事务，均可通过俱乐部提前预约，共享融创中国在全国20座核心城市的120余处顶级会所资源，勾勒出一张全中国范围的社交、商务、生活版图。

中国ONE家族俱乐部专注于会员的梦想实践与私属体验，于会员最为重视的社交、财富、家庭、生活方式等各个领域，悉数引入全球范围内奢侈品牌资源，为会员提供"财富管理、健康体检、养生美容、私人旅行、教育计划、海外移民、艺术收藏、商业出行、慈善公益"等9大"ONE私人专属定制体系"。

具体内容有：

财富管理：全球资产配置、家族财产管理、企业传承、遗产规划、税务保险为一体的综合解决方案平台。

健康体检：联合海内外知名医疗机构与顶级专家，为家族成员建立专属健康档案、定制健康咨询与体检、举办健康主题沙龙等；提供一对一健身运动指导服务。

养生美容：邀请国际瑜伽大师、太极养生大师等，为家族成员定制一对一私教课程；与高端SPA会所合作，提供顶级SPA养生美容体验。

私人旅行：由专属旅行管家一对一为家庭定制个性旅游线路，提供全球签证办理、海外中文私人向导等，以及与各领域高端旅行机构合作，提供滑翔、游艇、高尔夫、私人飞机、狩猎等境外独特旅行；南极、北极深度体验之旅等。

教育计划：针对家庭成员定制阶段性教育规划，包括与国际知名留学机构合作，为子女制定国际游学，各国名校交流生计划等，以及与国内各顶级商学院合作，为会员提供商业培训课程等。

海外移民：联合国内资深移民机构与海外专家顾问，制定一对一移民咨询、移民国实地考察全程接待等一站式服务。

艺术收藏：与"中国私人博物馆联合平台"合作，提供专业的艺术品收藏鉴定、采购、拍卖、保函、抵押贷款等私属指导服务，参加与艺术品投资、收藏、鉴赏相关的高规格交流活动。

商业出行：提供机票订购、外币兑换、保险箱服务、翻译陪同以及公务机包机飞行等服务，同时可专享融创中国所在城市的顶级会所等相关资源。

慈善公益：与最具公信力的慈善公益机构合作，提供专业的慈善公益事业规划，根据捐赠意向及关注领域，定制合理有效的专属公益项目；同时定期举办慈善公益讲座、交流等，搭建专属慈善公益桥梁。

心法十七：
如何让虚无缥缈的圈层产生巨大的购买力？

经常听到项目营销总监这样抱怨："圈层营销就是个坑，活动组织一大堆，却总不见成交，搞得现在要求渠道部去做圈层，没有一个人愿意的！"

类似的抱怨笔者听到很多，也能够理解，但是笔者却知道很多豪宅项目60%以上的成交来自圈层营销，有些碧桂园和融创开发的非豪宅项目通过圈层营销成交比例也可以达到20%～30%，所以我们说，掌握圈层营销的方法很重要。在这里，我们不想谈过多的理论知识，只要做到"三筛选"即可，具体步骤如图7-7所示。

第一次筛选：圈层质量的筛选

↓

第二次筛选：活动导客的筛选

↓

第三次筛选：后期动态筛选

图7-7　将圈层转化为成交的三次筛选

1. 圈层质量的筛选

（1）圈层客群的甄别

圈层质量的筛选是决定成交转化率的重要基础，在"心法十六"中我们已经讲述了圈层的四大价值衡量标准，深入了解这四方面的情况可以做到有备无患，如果渠道人员决定渗入该圈层时，最好可以获知参加活动的客户姓名和职务，有些组织对客户资料把控很严格，但是对于已经有初步合作意向的合作方来说不应该有诸多顾忌，而且姓名和职务只是基本信息，是可以公开的，但电话号码属于个人隐私，我们理应尊重资源方的意愿。

拿到客户明细之后，首先我们要懂得保护名单，然后我们要通过网站初步了解该客户所在公司情况，核实名单的真实性，同时对客户有初步的认知。

（2）圈层客群与项目定位

上文我们说到，圈层是立体存在的，因此，我们在开发圈层时要注意自己的项目定位与圈层中哪个垂直维度是相匹配的。

我们以医院为例，每一位工作人员处在不同的维度上（如图7-8所示）：

我们的圈层开发工作一定要非常精细，将同一圈层中的人进行客户细分，尤其要注重收入方

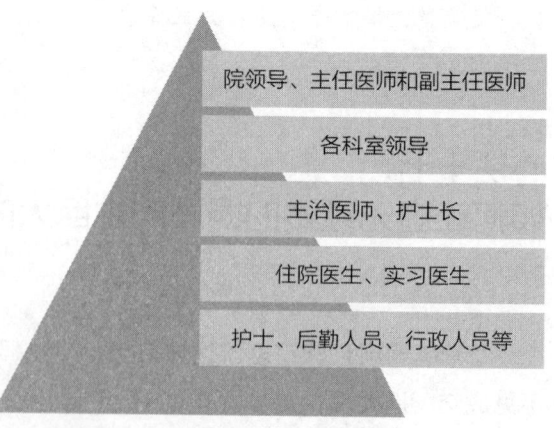

院领导、主任医师和副主任医师

各科室领导

主治医师、护士长

住院医生、实习医生

护士、后勤人员、行政人员等

图7-8　医院圈层中垂直分布的工作人员

面的细分，然后再根据项目定位（一般是价格定位）寻找相对精准的客户。当然，职务的高低不代表购买力的高低，这就要求我们在开发圈层时要兼顾垂直圈层的辐射。

（3）充分发挥"领袖"的力量

每一个圈层中都有影响力较大的人，他们要么资历高，要么职务高，要么经济能力卓越，要么专业水准出类拔萃，由于拥有较高的声望，他们身边很多人在购房时都会询问他的意见，甚至还会出现"你买哪里我就买在哪里"的跟随现象。

为了更加凸显"领袖"的作用，我们可以将很多看似不是圈层的客群归纳到一个圈层中去，经过归纳和分析，我们可以将圈层分为五大类（如图7-9所示）：

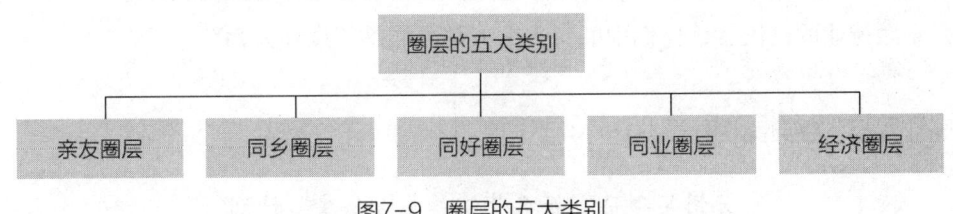

图7-9　圈层的五大类别

亲友圈层

亲戚和朋友是最常见、最普遍的社会关系，每一位渠道人员都要从身边的人入手寻求更多的人际资源，扩大交际圈，逐一拜访，邀约他们及其朋友来售楼处看房或参与相关活动。

既然是亲戚或朋友，那么你可以很快就会找到"领袖人物"，谁在朋友圈子里影响力最大就去重点跟进谁。

同乡圈层

我们对老乡都有着一种特殊且微妙的感情，在一座新城市里，我们寻找老乡的途径还是很多的，有些老乡通过自身奋斗已经创造了属于自己的一番事业，他的威望自然在老乡圈子里得以巩固。

同好圈层

"同好"指的是拥有相同的志趣和爱好，就像我们前文讲到的"社群营销"一样，渠道人员可以加入这些微信群，并且尽可能多地参与他们的活动，这样可以结交到很多志趣相投的人，熟悉之后，可以利用公司的策划资源将这些客户导入售楼处参与更加精彩的活动。

一般来说，微信群的群主或者发言最积极的人是这个圈层的"领袖"，对于他们我们要投其所好，让他们成为编外经纪人甚至是业主。

同业圈层

按行业类别划分，我们可以找到很多行业圈层，其"领袖人物"更加容易寻找，如建筑行业协会、餐饮协会、金融专家、教育专家、医疗专家等，同业圈层的客户质量较高，而且客户的跟随性更强。

经济圈层

经济圈层是专门划分出来的圈层，指的是具有较强经济实力的人组成的圈子，这些人也许是游艇俱乐部成员，也许是企业家协会会员，也许是工商联的理事会员，也许是金融行业的佼佼者，他们中的每一个人都可能是"领袖人物"。

"同业圈层"经典案例：

苏州某项目"百名营销总监百套房"计划

2016年，苏州某郊远的酒店式公寓项目陷入了营销僵局，40年产权商业性质的SOHO产品因多种弊端遇到了前所未有的销售抗性。

该项目产品非常好，精装修，软装全部到位，是真正意义上的拎包入住产品，面向的客户自然是投资客。

开发商领导提出了月销售一亿元的目标，这对于目前只能月销售1000多万元的项目来说简直是不可能完成的任务，为此，项目营销总监焦头烂额！

营销部全体管理层开了头脑风暴会议，期间有人注意到，在已成交的客户名单中发现了几个熟悉的名字，原来这几个人竟是业内同行，而且身居营销总监要职。这个信息让他们很兴奋：营销总监不正是一个不错的圈层吗？他们对房地产市场非常了解，有敏锐的投资眼光，购买力也是足够的，为何不继续深挖？

于是，一场关于发掘营销总监圈层的行动开始了。

首先，他们调查了房地产行业中营销总监的人数，发现只有200人左右，这个基数明显是不够的，然后他们将调查范围扩大到副总经理、区域营销总监、城市公司营销总监、项目营销总监、策划总监、项目营销经理、渠道总监等七大职务，发现人数已经接近500人，满足项目的需求了！为此，他们将此次促销行动命名为"百名营销总监百套房"计划。

然后，他们针对营销总监群体特意做了几个微信推广稿，把地理位置、投资前景、总价优势简单介绍，项目营销总监特意向公司申请了额外1%的优惠用于对这个圈层的"专属特权"。

随后，项目营销总监和城市公司营销总监利用自身在圈层里的优势，不断在群里发放这一信息，并且营销部专门安排员工亲自上门拜访，赠送礼品，同时将优惠政策向大家宣讲。

后来，这个项目营销总监的电话被打爆了，很多业内同行电话咨询房源，还有很多同行前来售楼处体验样板房。在活动持续的一个月内，500位营销高管中有120人认购了房源，销售额突破1.5亿元，圆满完成了公司下达的任务。

2. 活动导客的筛选

圈层质量筛选之后，我们找到了合适的圈层，也找到了对应的"领袖人物"，第二步就是要将这些客群导入售楼处，最普遍的做法是通过活动形式邀约客户。

活动导客的核心目的是提升活动的成交转化率，因此，我们要通过活动让客户亲身体验项目的产品价值，通过活动过程中的服务体现开发商对客户的人性化关怀，从而达到接触项目、认知项目、达成交易的目的。

活动不仅仅是一种形式，为了提升成交转化率，我们要做好四个方面工作便于第二次筛选客户（如图7-10所示）：

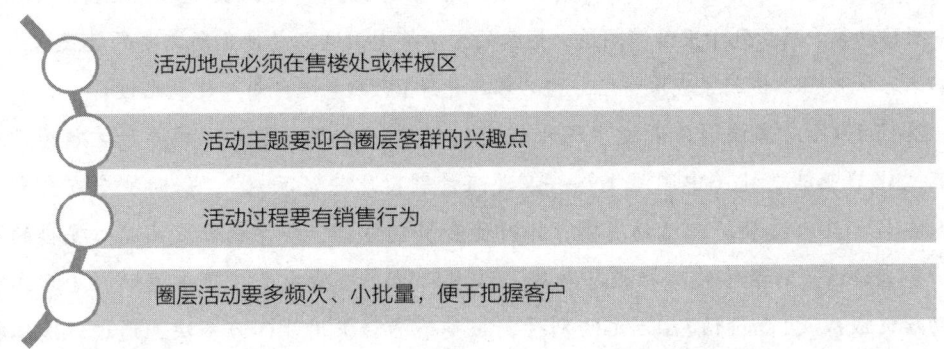

图7-10 圈层活动过程中需要把握的四大注意点

　　活动地点安排在售楼处或样板区主要目的是可以让客户直观地感受到项目产品的魅力，营销环境的塑造更加能够引发客户的购买兴趣。

　　由于我们接触的是各种各样的圈层，他们的喜好大有不同，因此，在组织活动之前，需要反复与客户沟通，确定能够迎合客户兴趣点的活动主题，这样可以让客户体会到开发商的用心程度，也可以提升圈层活动本身的调性。

　　活动就是为了成交，因此，必要的销售行为要贯穿活动始终，如安排客户参观样板区、销售经理对项目宣讲、置业顾问一对一接待、随礼品赠送宣传册等，最重要的是要留下客户的联系方式（尤其是微信），方便后续跟进。

　　为了更加准确地获知圈层客户的购买意向，每次圈层活动的参与人数以20人为宜，人数太多反而会增加辨识难度。私密小众，这是豪宅圈层营销的核心。

圈层活动成交案例：

碧桂园十里银滩旅游营销战绩辉煌

　　碧桂园十里银滩项目位于深圳东亚婆角海滨旅游区，拥有中国最优质、最原始的滨海资源，是广东省东部数百公里海岸线上最环保洁净的海湾之一。项目拥有区域最珍贵的五公里长白沙滩，众多亿万年礁岩共同形成优美的自然景观。周边的礁石公园、红树公园等旅游资源与穿项目而过的省2号绿道，共同演绎这份精彩的国际滨海度假的"低碳"生活。

　　2013年10月，碧桂园组织了一场针对中国移动高端客户的免费旅行，客户一共47人，通过亲切交流、别墅体验、参观陪同、午宴一对一购买引导等方式提起客户的购买兴趣，让中国移动客户感受到十里银滩闲适、惬意的生活氛围，这正是他们所需要的度假房。最终47名客户中，8名进行了诚意登记，12名客户进行了后期电话咨询，效果比较好。

　　2015年9月，碧桂园又开发了深圳保时捷俱乐部的高端圈层，举办了主题为"鸡尾酒文化节亚洲巡礼（中国站）——浪漫海景别墅比基尼派对"，保时捷车友会会员50人参与了此次活动，在活动现场，保时捷会员们体验了一系列开发商精心安排的活动；包含G65钻石墅体验、样板房参观、沙滩活动、模特走秀、鸡尾酒助兴等形式，活动后促成成交1套价值770万元的别墅，而整个活动费用才两万多块，通过低成本收囊了50名高端精准意向客户。

3. 后期动态筛选

活动的结束，意味着服务的开始，意味着追踪客户意向度的开始。

对于参与完活动之后的客户，我们至少还有五个销售动作要跟上（如图7-11所示）：

客户离开售楼处之后，渠道部或销售部员工一定要在24小时之内与所有参与活动的客户再次联系，询问他们对活动的满意度，并且直接询问他们对本项目产品的评价，

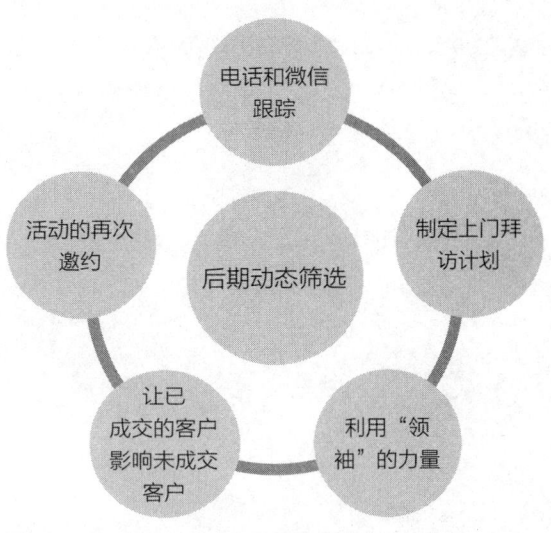

图7-11 后期动态筛选的五个动作

如果客户有意向继续了解，那么就要邀请客户及家人再次来访售楼处；如果客户意向不明确，最好通过微信的方式进行维护，经常发送一些温馨提醒、活动信息、促销信息等以拉近客户的距离。

如果客户具有一定的意向度，但是久久不来售楼处，这个时候一定要注意"趁热打铁"，趁着客户参加完活动之后对项目具有一定的好感，立即制定好置业计划，并且择机上门拜访；如果在上门拜访的基础之上客户依旧没有成交，最好通过"领袖人物"的力量从侧面协助成交。对于长时间杳无音信或者是明确拒绝的客户，我们只好利用下一次活动为邀约理由，邀请客户再次参与。

一般来说，第一次参加活动就成交的客户极少，大部分的工夫还是要用在后期跟踪与维护上，如果客户参与活动或来访售楼处三次以上，成交的概率就会很高。

经过以上三次筛选，就基本可以确定客户的购买意向了，圈层的经营是一个长期过程，业内都说圈层营销要经过六个步骤：划圈子、找渠道、抓领袖、搞活动、树品牌、交叉经营。"交叉经营"不仅是指维护客户，同时还要注意挖掘客户背后的资源，引入下一个圈层，这样就可以形成双重圈层促进客户成交的局面。为了提升成交率，我们需要将一半以上的精力放在"交叉经营"上，要知道，圈层的本质是社交，只有反复的交流才能赢得客户的信任，这才是成交的前提。

活动拓客心法

房地产业内人士普遍认为，活动的目的是吸引客户来访。可是，在房地产活动营销盛行的时代，在客户对活动越来越有免疫的时代，仅仅靠活动本身就能吸引来人吗？恐怕很难！因此，活动营销要想真正起到"开发客户"的作用关键不在活动本身，而是通过渠道进行线下导客，导客的成败决定活动的成败。

8

心法十八：
如何挖掘看似简单的"暖场活动"暗藏的购买力？

众所周知，房地产的活动分为三大类别：暖场类活动、销售类活动和品牌造势类活动。暖场类活动主要是两大目的：第一，促进案场来人；第二，烘托案场营销环境，促进成交。一直以来，暖场活动很少得到营销管理者的重视，所以每场活动的费用大多控制在5000元以下，甚至还有很多公司提出了"零费用做暖场"的要求。

笔者认为这是对暖场活动的曲解，客户愿意进售楼处参加活动，这就说明他们已然知道这是开发商的营销手法，总归是想了解一下项目的，就算他们没有任何的购房意向，也可以激发起他们的传播意识，挖掘其身边的客户。

那么，我们该如何发挥暖场活动的促销作用呢？这要从活动的组织开始谈起：

1. 暖场活动的组织

（1）活动思路的转变

暖场活动分为两种，第一种是零星类活动，大部分与资源嫁接有关；第二种是标准化暖场活动，也就是开发商策划并组织的一系列固定活动，试图通过这些活动尽可能多地吸引群众参与，这种方式比较适用于大型集团化公司，碧桂园集团最擅长的就是标准化活动。

而本书此次重点探讨的是第一种暖场活动形式，我们要想向暖场活动要成交，首先需要改变的是我们的思路。

传统的暖场活动步骤是：策划部撰写方案——渠道部携带方案拜访客户（资源）——客户（资源）认为可行——渠道部反馈给策划部——活动落地执行。

这是一种被动式的活动组织形式，新型的活动组织思路应该是：渠道部首先接触客户（资源）——了解客户（资源）的活动需求——渠道部反馈给策划部——策划部根据反馈撰写活动方案——渠道部再将方案反馈给客户（资源）——活动方案获得认可——活动落地执行。

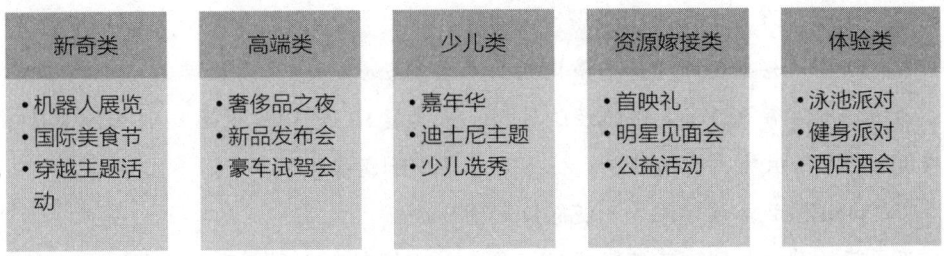

新奇类	高端类	少儿类	资源嫁接类	体验类
·机器人展览 ·国际美食节 ·穿越主题活动	·奢侈品之夜 ·新品发布会 ·豪车试驾会	·嘉年华 ·迪士尼主题 ·少儿选秀	·首映礼 ·明星见面会 ·公益活动	·泳池派对 ·健身派对 ·酒店酒会

图8-1 活动的五大类别

也就是说，暖场活动虽然看似不起眼，但依然要以客户为导向，在此之前，我们的工作都做反了，只有遵从客户的意愿，客户的参与度才更高，对项目的好感才更强。

（2）暖场活动的形式

暖场活动的形式很多，目前市场上主流的活动有五大类别（如图8-1所示）：

其中最能够汇聚人气的是新奇类活动和少儿类活动，如机器人展、少儿话剧演出、少儿才艺比赛等；其他活动大多数与资源相关，参与人数一般不宜超过50人。

暖场活动案例：

融创壹号院万圣节暖场活动

2016年10月29日～10月30日，融创壹号院为了配合样板房开放这个重要的销售活动，特意借即将到来的万圣节为噱头，组织了一场主题为"万盛魅影 魔幻盛典"的暖场活动，活动的副标题为"中国ONE家族Halloween奇幻世界嘉年华"。

该活动包含了十大内容：

一、ONE家族名流荟——万圣奇妙夜假面舞会

派对当晚，无论是叱咤风云的金融精英，或是聚焦时尚的名媛淑女，都将隐去身份，装戴假面，步入舞池，共赴浪漫华尔兹、激情伦巴……在慵懒随性的舞步中，释放无限激情。因私人派对的绝对隐秘性，全国仅百位金融精英、名媛绅士将受邀入席，共襄私属盛荟。

二、ONE家族英苗课堂——创想科学实验室

万圣节的奇幻探秘，由专业老师带来最新、最酷、最炫的科学知识解读，亲子共

同实践，探索"冰与火"的小秘密、大科学。

三、ONE家族英苗课堂——多肉南瓜人捣蛋之旅

由植物专家带来DIY多肉的经验技巧，来自复旦EMBA班的名媛淑女，亲身体验多肉DIY的无限乐趣，巧思妙手，将万圣鬼马南瓜变身萌嗲多肉。

四、ONE家族名媛学院——花艺DIY绿荫时光

万圣节的神秘花园，花艺师现场指导，如何将鬼马南瓜变身成可爱优雅的南瓜花瓶，共度一次趣味纷呈的花卉时光。

五、ONE家族英苗课堂——万圣魔法饼干屋

魔法帽、南瓜人、幽灵宝宝、骷髅人……万圣元素变身美味饼干？！资深烘焙老师现场授艺，家长、孩子共同动手，烘焙亲子的幸福时光。

六、ONE家族英苗课堂——牛轧糖DIY手工坊

"不给糖就捣蛋"，快来为万圣节的可爱宝贝准备一些美味糖果吧。烘焙老师现场讲解糖果DIY技巧，大小孩子一起动手，烘焙亲子的甜蜜时光。

七、ONE家族英苗课堂——万圣互动游戏乐园

鬼马奇幻的万圣主题亲子互动游戏，激发孩子动手动脑，守护孩子的趣味童心，与孩子共成长。

八、ONE家族英苗课堂——亲子烘焙初体验

融入万圣节元素的甜品DIY，寓教于乐的亲子烘焙体验，缤纷的色彩，甜蜜的奶油，与孩子共同"绘制"美好亲情时光。

九、ONE家族英苗课堂——南瓜灯DIY创意工坊

宝贝们要去收集糖果了，没有浓浓Halloween Style的南瓜灯怎么行！与孩子一起动手，雕刻出个性趣味的万圣南瓜灯，为狂欢派对做好准备！

十、ONE家族英苗课堂——小小魔法师奇幻SHOW

万圣歌舞SHOW、魔法帽DIY、互动游戏、美味糖果……一场专属孩子的魔法派对，一个尽情施展才艺的舞台，让小小魔法师们释放他们的无价童真。

该活动无论从包装还是从执行方面完全符合豪宅气质，兼顾到孩子、家长、精英人士的不同需求，由于到访人数众多，活动特意分将十大主题分两天进行，整个营销中心精彩纷呈，为配合销售活动发挥了重要作用。

2．寻找暖场活动的销售机会

参与暖场活动的客群购房意向势必薄弱，我们也很难把握客户的真实需求，但为了更好地寻找到这部分客户的潜在购买力，我们需要在活动过程中将细节做到位，除了要让客户参观样板区、聆听项目PPT之外，还要做到"五个一"（如图8-2所示）：

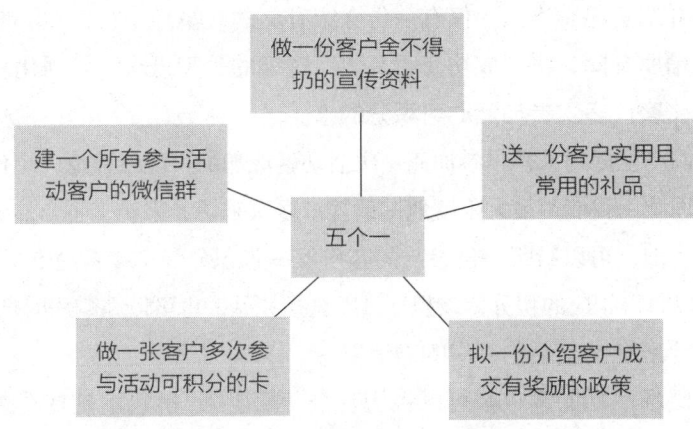

图8-2　暖场活动过程中需要做的"五个一"

（1）做一份客户舍不得扔的宣传资料

凡是参加暖场活动的客户极少主动找到置业顾问询问情况，虽然在活动过程中，他们在开发商的"强制"安排下，参观了样板区，也听了销售员的讲解，但是毕竟他们过来的主要目的不是购房，他们需要将更加详细的资料带回家去供家人参阅。

开发商一般的做法是将楼书或宣传海报直接放在手提袋里，但是殊不知这些宣传资料根本不会被再次翻起。只有将项目信息软性地植入到某一件物品上，客户才有可能珍惜。

比如我们可以做一份台历，12个页面可以容纳大量的项目卖点，而台历又是大家平时使用较为频繁的物品；再比如我们可以印制一份生活手册，将项目所在城市的基础信息印刷成册，然后再附上项目信息，可读性极强。

（2）送一份客户实用且常用的礼品

除了宣传资料，我们最好定制一批成本较低的礼品送给客户，但不可因节约成本而失去了项目的调性。无论是什么层次的客户都会使用日常用品，但是大家最厌恶的是使用广告用品，如印有LOGO的雨伞、茶杯、打火机、钢笔等，因此，建议大家尽量不要在礼品本身印制LOGO，在礼盒上想办法就可以了。从使用角度上来说，日常用品是客户无法拒绝的，如蚕丝被、充电宝、厨房用品等，不过此类礼品适合作为活动中的纪念品。

（3）拟一份介绍客户成交有奖励的政策

"全民营销"理念是房地产渠道营销中的重要理念，即便参加暖场活动的客户没有任何购房意向，但我们最起码可以把他们发展成为编外经纪人，通过"金钱奖励"刺激他们的转介绍意愿。当然，仅有一份介绍有奖的政策还不行，在后期渠道人员要加入客户的微信朋友圈，将"成功介绍有奖"这样的政策再次宣导强化。

（4）做一张客户多次参与活动可积分的卡

在前文我们反复提到，客户参加完一次活动就成功的可能性极低，更何况参加的还是暖场活动。因此，我们要最大限度地邀请客户多次来访，来访多了自然意向就会逐步提升。活动结束前，可以给每一位参与的客户发一张积分卡（或者是电子卡），每参与一次活动都可以获得相应的积分，该积分可以兑换礼品，也可以在购房时抵扣房款。

（5）建一个所有参与活动客户的微信群

每次参加暖场活动的客户都可以视为一个"圈层"，虽然不是高端圈层，但至少是"同业圈层"或"同好圈层"，把他们组建成一个微信群便于以后跟进和社群经营，渠道部拓客专员可以作为群主，这样做不仅可以让客户成为你的微信好友，便于私下进行更深入的沟通，还便于以后活动的再次召集。

暖场活动，看似没有任何含金量的营销手段，其实内里包含更大的玄机，要知道，一个项目每年少则组织几十场多则组织百余场，每场按50人计算，每年总人数约5000人，如果将这部分客户用心经营，发掘他们潜在的需求，激发他们的介绍兴趣，是可以给项目带来巨大收益的，每一位营销人都不应该忽视暖场活动的重要作用。

心法十九：
如何通过一场大型活动带来更加精准的客户？

举办大型活动的目的只有两个：一、项目前期品牌造势；二、为某新品推出造势。如果是第一个目的，可以发挥的余地很多，诸如明星演唱会、豪车联合发布会等，博眼球第一，销售次之，参与活动的客户质量并不在重点考量范畴之内。而为了第二个目的的活动就大不一样了，既然是为新品上市造势，必须要有相对精准的客户参与，否则失去了活动本身的意义。

本节谈的正是带有第二种目的的活动营销，即渠道人员如何运用大型活动导入更加精准的客户。

1. 活动的组织逻辑

既然要求客户要精准，那么我们应该第一时间追溯到项目的产品定位，豪宅项目自然要寻找"塔尖人士"，投资型产品自然要找到投资客群，改善型住宅一般要寻找公务员、私营业主等，刚需类产品肯定要寻找到中产阶层……除了产品定位外，我们还要考虑此次的营销目的——要实现什么样的销售目标，需要导入多少客户，根据经验什么样的人会买此种类型的房子等；然后，我们再根据客户的关注点，定制一场他们愿意参加的活动。于是，活动的组织逻辑应该是这样的（如图8-3所示）：

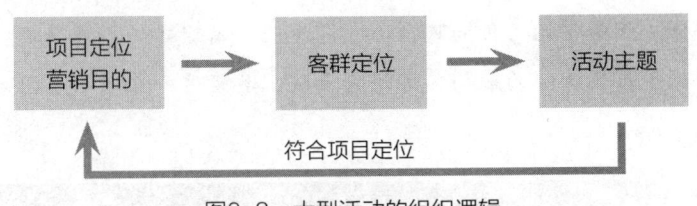

图8-3　大型活动的组织逻辑

大型活动经典案例:

融创壹号院"亚洲之夜"汇集数千社会名流

2016年9月，在香港JW万豪酒店发布的2016年"亚洲10大超级豪宅"榜单中，融创·苏州壹号院凭借融创中国TOP系的传奇血统赫然登上榜单，成为苏州历史上首个获此殊荣的"亚洲级"豪宅。

项目将于11月12日开盘，推出300余套房源。

结合即将开盘这个重要的销售节点，项目营销负责人决定借荣获"亚洲10大超级豪宅"殊荣为契机，举行一场轰动长三角的盛会，邀请社会各界名流参会。

于是，自10月8日起，一份散发神秘光泽的社交酒会VIP邀请函，开始在香港、北京、上海、苏州等地的高端名流圈层中悄然流传……

邀请函名单历经内部层层筛选，标准严苛，唯有中国乃至亚洲各界影响力人物方可入席。

经过一个月的筹备，收到这份邀请函并已确定出席的人士包括：美国《纽约时报》财经类第一畅销书作家＆国际营销大师Robert·G·Allen、美国BES企业家商学院华文版创始人林伟贤、著名青年歌唱家孙小云、新生代实力女影星吴欣恩、著名书法家元植、著名作家叶正亭、中国创业联盟副会长张伟、AMD全球运营总裁曾昭孔、英国剑桥文化交流中国区执行董事邱卫东、著名小提琴家付姿好……来自26个国家和地区、逾百名全球500强企业CEO、企业家、艺术家、金融精英、时尚名媛，共赴盛事，实属罕见。

2016年10月15日晚，一场以"为亚洲荣耀喝彩"为名的洲际级社交派对——"亚洲之夜"盛大上演，来自中、美、日、韩、新加坡等26个国家和地区的近3000名国际名人、商界领袖盛装出席，CHAUMET、Mio Couture、劳斯莱斯、法拉利、宾利、玛莎拉蒂等全球一线奢侈品云集助阵，沪、苏等长三角城市的各界精英、名媛更是倾巢出动，齐聚位于苏州湾畔的融创·苏州壹号院，共襄这一亚洲年度圈层盛会（见图8-4）。

图8-4　壹号院"亚洲之夜"名媛齐聚

酒会当晚，八大同步全球的社交风尚主题，交替上演，璀璨之极：夏威夷魅惑光影秀、巴黎时装周模特维密秀、巴黎红磨坊经典歌舞剧、魔术大师张霜剑奇幻魔术秀、顶级艺术品慈善义拍……声色荟萃，流光溢彩。

本次社交酒会以"亚洲之夜"为主题，由中国ONE家族俱乐部主办。作为亚洲年度最高规格、最具影响力的社交盛事，"亚洲之夜"是对代表亚洲年度卓越成就的一次极致分享与辉煌礼赞，此前曾在新加坡、中国香港、孟买、雅加达等多座城市盛大上演，每一次无不名流云集，精彩绝伦。

2. 客户的"门槛式"邀约

明确了活动主题和内容之后，最关键的工作来了：邀约客户。

传统的客户邀约形式是三种：第一，邀请媒体和业内同行捧场；第二，打电话或发邀请函给老客户；第三，邀请意向客户参加。

其实这是完全错误的做法，要想获得相对精准的客户，必须要做好两大工作：定客户数量、定客户质量。具体分解工作如下（如图8-5所示）：

图8-5中的每个步骤都非常重要，如此精细地做这样部署的目的很简单，让客户产生紧迫感，认为能够参与到这场活动是一种荣幸。

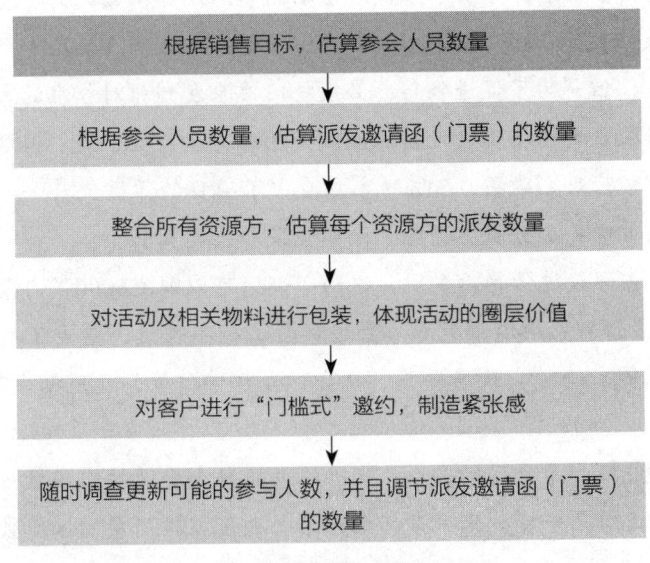

图8-5 大型活动客户的邀约步骤

营销部所有员工都要领取自己的导客任务,策划部的发放对象是媒体和所有合作的资源方,销售部发放对象是已经成交的老客户和有意向购房的客户,渠道部的工作量最大,不仅要联系所有的资源方,而且还要以此为契机开拓新的资源方。

在发放邀请函的时候一定要秉承"供不应求"的原则,不要让客户觉得活动的参与门槛很低,如果某商会有200个会员,可以先发放50张邀请函,让更多的人无法领取"入场券",如果该商会坚持索要,可以再送过去少量的邀请函,一旦形成"供不应求"的现象,能够前来参加活动的客群质量不会差。

另外,活动的包装与推广也很重要,一定要有足够的噱头吸引客户参加,让客户认为这是一个圈层盛事,这样活动的价值才能凸显。

邀约客户经典案例1:

世界顶尖智能机器人巡展导入 6000 客户

2015年6月,苏州丰隆城市中心因样板房盛大开放,公司决定举办一次大型活动。根据公司下达的销售目标,结合营销部来人成交比,活动需要导客至少1000组,大约5000人。

营销部接到指令之后,分析了市民对活动的参与比例,大约为6:1,也就是说此次活动至少需要派发30000张门票。如果广派门票并非难事,找几十个"小蜜蜂"到大街上派发了事,但是为了促进销售,必须将门票派发到相对精准的客户手中去。

营销部根据客户地图发现,之前已经成交的客户构成大约是:30%的房源由公务员购买,40%由私营业主购买,60%的客户看中了项目的学区优势……因此,营销部明晰了三大派票方向:公务员、商会、小学生或幼儿园家长。

策划部和销售部经过估算后发现,这两个部门可以解决6000张门票,这就意味着剩余24000张门票必须由渠道部完成。渠道部员工毫不畏惧,盘点了所有资源:幼儿培训机构、幼儿园、小学、政府机关、商会、合作单位等,发现派发24000张门票是完全可能的。

可是营销总监提出了更高的要求:实际派发给每个资源的门票数必须为资源方要求的一半,这就意味着一半的客户拿不到门票。为了监控门票的派发数量,所有门票由营销总监统一保管,所有过来领票的同事必须向他说明发放给谁,资源方是否优质，他全部登记在册。渠道部所有员工心里打鼓，认为这是一个不可能完成的任务。

但是他们依然照做了……

在此之前，策划部已经对活动进行了安排，他们引进了"机器人"资源，鉴于售楼处场地所限，他们将机器人展拉长至5天。

这些机器人资源也非常有意思，80余款高智能机器人可爱逗趣、多才多艺：有会打乒乓球的"运动好手"，有会跳街舞的机器界"迈克尔·杰克逊"，还有十分可爱的萌态"小动物机器人"，客户可以和机器人"踢足球"，还可以欣赏到机器人话剧，是目前国内高科技机器人的代表，因此，活动的噱头是足够了。

在包装方面，他们特意印制了高规格的门票，生动地说明了此次机器人展的高端性和稀缺性，当然，门票后面没有忘记刊登楼盘的广告。在门票的最后一页上设置了一页副联，副联上客户要填写姓名和手机号码，客户进入售楼处之前必须将此副联交于工作人员，这个副联是活动期间抽奖的"奖券"，当然对于营销部来说，这个副联等同于客户资料。

后来，门票派发工作取得了突破性进展，资源方纷纷打电话来索要更多的门票，就连学校里的孩子都因拿不到门票而失声大哭，可是，项目营销总监依旧把持原则：送票可以，但是依然要秉持50%原则，客户要多少，我们只送过去50%。

活动取得了空前的成功，5天的机器人展，来访6000余人，售楼处每天都挤满了客户，而且这些客户相对精准，在未来的一个月内纷纷再次来访、三次来访，销售额突破2亿元，超额完成公司的既定任务。

邀约客户经典案例2：

共和国外交部前部长莅临，苏州人惊呆了……

这个案例的创造者依旧是苏州丰隆城市中心……

2016年9月，苏州丰隆城市中心为了给新产品的上市造势，想组织一场足以轰动全城的大型活动。

这次，他们瞄准的客群有两类：公务员和私营业主。

当时的苏州市场可谓"百家争鸣"，9月份本身就是楼市旺季，各类大型活动纷纷举办，其中不乏明星站台，演唱歌星许巍、孟庭苇、马頔，经济学家叶檀、袁岳等，走马灯似的在苏州频繁出现，抢尽了风头。如何在纷繁的市场中脱颖而出而且可以邀约到想要的客户，成了营销部面临的首要难题。

我们要请怎样的一个人能够盖得住明星的光芒？我们要请怎样的一个人能够吸引公务员和私营业主的目光？

一个大胆的想法出现了：只有政界明星可以做得到！这位政界明星就是中华人民共和国前外交部部长李肇星！

经过多轮沟通和邀请，李部长同意了开发商的邀请，开发商将此次论坛定义为"苏州金鸡湖才智论坛"，李部长在论坛上发表时长为40分钟的主旨演讲。

接下来就是邀约工作了，鉴于此次活动规格较高，活动现场只有800个座位，又考虑到李部长强大的感召力，开发商只印制了2000份邀请函，对政界和商界定向发放，出人意料的是，当发放到1500张邀请函时就被紧急叫停了，因为想要参加的人太多了，开发商只好一方面加大场地，另一方面对参与人的身份进行筛查。

活动非常成功，1200人挤满了大型宴会厅，李部长渊博的知识、幽默的谈吐、高屋建瓴的观点、和蔼可亲的笑容让在场所有人叹服（见图8-6），有媒体人这样说道：这是他们参加所有论坛中最安静的

图8-6　李肇星出席金鸡湖才智论坛

一场，中途没有一个人离场，没有一个人说话，足以显示大家对这位老人的尊敬和爱戴！

这场活动成为苏州有史以来邀约嘉宾规格最高的企业活动，一时间成为政、商界的追捧话题，而且李肇星自身的政坛履历、传奇人生更是为前期炒作充满了各种可操作话题。李肇星本人的影响力人群又是多为政坛、高知、理性强购买力的人，所以成功为本项目打开政界市场，并且产生持续一个月多的热议周期，并且活动规格影响力波及全国，印证了名人活动营销，选对一个人成功一大半的定律。

心法二十：
如何打造一场低成本、高关注度、品质高的造势活动？

在房地产的策划推广中，活动营销往往是诸多营销方式中最频繁呈现的形式，在越来越注重费效比，注重销售指标完成，一切以结果为导向的今天，策划推广的核心其实应该是围绕着渠道拓客而展开的。

活动归根结底是为项目导客和案场销售服务，渠道成为策划思路的核心导向。一切不能实现导客和销售的活动就是"耍流氓"，很多影响深远，斥资百万的活动，其根本目的无疑是为了给销售提供更多海量优质的客户资源，为渠道资源方提供更具有吸引力的合作方案。

1. 造势活动的误区

在房地产营销中如何打造一场客户满意、媒体关注、公司认可的造势活动？这就是摆在所有房地产操盘营销人员面前的难题，就需要做到低成本、高关注度、品质高的造势活动。但是目前诸多造势活动往往存在以下几种误区：

（1）形式大于内容

在房地产的活动推广中，越来越喜欢追求高大上，追求炫酷新，经常会看到明星代言、品牌发布会、爱马仕之夜、维多利亚的秘密走秀等，看上去高大上非常人所能及，其实大多成为一场孤芳自赏的SHOW。往往是花了几百万元的活动费用，却只让太多人记住了名人、名牌，而忽略了是谁操办了这场活动，活动的最初目的无法得以实现。

（2）纯粹的为了活动而做活动

房地产营销中，往往总是面临着"月月有指标、月月要完成"的压力，时间久了，邀约客户缺少理由，诸多营销人难免会说"那就做场活动创造个小节点吧"，正是这种想法，导致很多房地产策划人员疲于做活动——几张桌子、几块背景板、几群

"职业"的活动客户（商会客户、酒会客户、金融客户），到头来活动看似完成了，但在效果评估中，活动客户质量太水，无二次到访，无购买意向，甚至有客户表示"我没兴趣买房子，我只是来参见活动的"。

（3）一场业内自嗨的活动

在一些活动的创意策划中，营销人员往往第一时间想到邀约媒体和同行，来一场媒体答谢活动，搞一个媒体体验之旅，送媒体一份特别大礼让其晒在朋友圈等，先不说媒体从业人员的高流动性，就形式而言，往往除了达到维系媒体关系的目的之外，再不会有任何对销售帮助的产出；而且往往媒体疲于应付这些内容，对项目的特色及卖点也是一知半解。真正的媒体互动，应该是针对不同媒体的传播特色，制定针对性强的线上活动内容，让其传播属性发挥到极致，即让媒体塑造了典型案例，又让房地产项目得到了最有效的推广。

所以，在时下的房地产活动营销中，造势活动其最终的目的是为了促进销售，去繁从简后不难发现，活动最终呈现的形式并不重要，活动除了要有创意和想法外，更重要的是要有广泛导客的内容，能够为多渠道的客户导入进行活动嫁接，这样才是一场有质量、有人气、有效果的活动。

2. 造势活动组织要点

那么，究竟该如何打造一场低成本、高关注度、品质高的造势活动呢？结合前文我们提到的三大误区，我们总结了造势活动的三大组织要点（如图8-7所示）：

（1）借力社会热点

借助社会热点组织活动是策划人员的基本功，是对一个策划人员市场敏锐度的培养过程。社会热点瞬时转为我用的高级心法，如同太极"四两拨千斤"的心法一样，花很少的钱却通过社会热点的自发性炒作呈现几何倍爆发的效果。

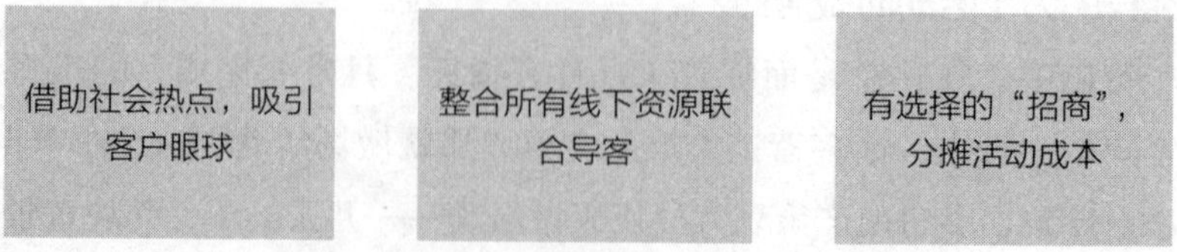

借助社会热点，吸引客户眼球	整合所有线下资源联合导客	有选择的"招商"，分摊活动成本

图8-7 低成本高品质造势活动的三大组织要点

"借力社会热点"活动案例1：

"后悔药"引爆全城：2万元的高品质造势活动

2016年初，苏州某项目一场"后悔药"活动刷新房地产话题热点，他们借用2016年苏州工业园区房价在短短4个月之内从2万元/m^2跻身4万元/m^2的话题大背景下，热点直击全民讨论"后悔当初没买房"的话题，推出一个仅仅花费2万块"后悔药"快闪活动：

活动方聘请了五位颜值极高的模特扮演小护士角色，每人拎着一个"药箱"，在核心商圈、地铁人流聚集地、写字楼商圈全城派"药"，其实这些所谓的"后悔药"是精心包装的糖果。

如果仅仅是一场小小的快闪活动，那么在见多识广房地产营销人员看来没有什么可借鉴之处，但这场小小的活动之所以能成为全民大讨论，成功之处有三点：

第一，贴合社会大话题，预热、炒作两不误。在房价快速攀升社会话题开始发酵之时，该项目就敏锐地洞察到这个社会热点，通过前期话题性海报经微信大号预热之后，再进行活动炒作，让话题热点迅速点燃，该项目热度推上热搜。

第二，话题性礼品+吸睛小护士。为了让整个活动环节充满创意，特将品牌巧克力豆分装药盒，以后悔药的形式全城派药，并且将模特打造成护士造型在全程快闪发药（见图8-8），具备了"话题+美女"的炒作元素，引发人群在朋友圈自主转发，让传播度更广。

第三，渠道导入客户辅助销售再度传播。一切没有销售动作导入的活动，就是一场华丽的浪费，后悔药活动方案制定之初，就和渠道销售动作相结合，制定针对性的高性价房源贴合后悔药的话题，并且在中介及分销机构广泛派发后悔药，让渠道人员维系中介关系的同时也能面对面阐述项目的针对性卖点，让外部销

图8-8　小护士全城派发"后悔药"

售机构能更加详细全面地了解销售，并且可以进行二次项目传播，便于开展导客动作，从而促进项目成交。

"借力社会热点"活动案例2：

重庆鹅岭峰："霸屏"闪耀山城

重庆鹅岭峰项目，作为西南第一豪宅，曾以"十万元一平方米的单价"惊诧整个西南，但后因项目推广停滞，公司内部调整的情况，导致项目长时间未有推广动作，逐渐淡出老百姓关注的视野。当项目要重新回归正常的推广节奏，重新聚集关注焦点，该如何操作？按照诸多营销人的操作思路，至少一个月户外广告投放，甚至三个月的广告投放，再搞一场大规模的活动，让人们再度津津乐道，但是如果面临只有15万元的推广预算，并且仅有一周的时间，那该如何操作？重庆鹅岭峰项目的策划人员奉献了一个经典案例。

重庆鹅岭峰项目位于重庆渝中区鹅岭之上，重庆渝中区，作为重庆人文文化的发源地，孕育了老一辈重庆人。2016年9月电影《从你的全世界路过》在重庆首映仪式并且热播，让重庆再度成为热议的话题，其中渝中区鹅岭的画面更是勾起了重庆人儿时生活的回忆，鹅岭峰策划人员根据自身项目的地理属性和客户身份的认同，结合重庆户外资源多为电子屏的特点，来了一场备受关注的情怀霸屏活动。

在活动预热前期，鹅岭峰掀起一场"全重庆向上看的"的朋友圈刷屏行动，通过媒体及大V号的转发，6个500人的抢红包微信群人员加满，通过抢红包的动作并植入项目信息，让更多的人将项目活动内容自主转发至朋友圈，这支"义务"的宣传队为活动预热做了最好的推动作用。

其次，针对重庆商圈集中，并且商圈广告多为液晶屏广告的现状，通过对几大商圈的评估，决定在重庆人及游客较多的解放碑、江北嘴、北滨路进行户外广告投放，并且拿出10万元作为户外广告投放费用，所面临的问题是，10万元仅为一块户外液晶屏一个月的投放费，根本无法做到多点位的广告投放。该项目经过分析拿出一个创造性的投放方案，在9月30日晚上8点到8点半之间，投放30分钟的定屏广告，也就是说，30分钟只有一幅广告画面被定格，一种强迫记忆的广告冲击，更是将广告在数量上做到最大幅度的覆盖，并且费用预算控制在10万元内。

还有值得一提的，鹅岭峰策划人员通过对项目属性、客户属性的剖析，结合当下的社会热点，将最终的广告语回归情怀，而且为了让情怀不因商业内容而变味，大胆的广告画面设计成没有产品信息，没有电话号码、没有项目地址，仅仅之后"不忘初心，我爱渝中——鹅岭峰"，这种颠覆的创造，不仅刷新了重庆的广告高度，而且也让策划人员拿到了同类

图8-9　鹅岭峰项目"霸屏"重庆解放碑商圈

型地产项目的电子屏广告投放机会，让话题性更强。当9月30日8点解放碑钟声响起的，几大商圈的电子屏同步定格为同一广告画面，震撼程度让所有人驻足拍照，一场没有电话的广告宣传，确认重庆人记住了鹅岭峰（见图8-9）。

（2）整合线下资源导客

线下整合资源是建立大策划的基础，如今的策划已经不单单只是房产领域，越来越多的信息共享让各个领域的客户都有可能成为购房客户，也能让购房客户成为其他领域追求的客户资源，这个时候就应该整合线下所有资源，共同发力，实现共赢。

对于整合资源进行导客的方式我们在"心法十九"中已经详细阐述，此处不再赘述。

（3）在活动中引入商家分摊成本

巧妙分摊成本是策划精细化作业的最新要求，在活动方案即将成型时，需要细化活动内容，分列出可实现资源嫁接、引入赞助的替代方式，这样就能有效地节约活动费用成本，并实现品牌联动，提升费效比。比如寻找场地赞助商、礼品赞助商等，甚至可以"以资源换资源"，我们的资源可能是一个展位、一次上台演讲的机会，而对方的资源则是"客户"。

但是要记住，引入商家的主要目的不是为了节约成本，而是为了引入更多的客户资源，这些客户资源是非常珍贵的，商家有时为了能够介入到我们的活动中来是愿意帮助我们导客的。

"招商分摊活动成本"案例：

多个资源商家"赞助"金鸡湖投资论坛

2015年夏，苏州丰隆城市中心项目为了给新推出的40年产权投资性公寓造势，决定进行大面积的导客，目标客户自然是投资型客户。

为了将声势做大，开发商决定举办主题为"金鸡湖投资论坛"的大型造势活动，特邀独立经济学家出席并发言，同时还邀请了克而瑞的专家学者、银行投资理财专家以及豪宅研究院的副院长参会。

既然是大咖云集，规格自然是降不下来了，按照正常逻辑，场地费、出场费、活动布置费、物料费、礼品费、推广费等没有50万元是搞不下来的。

但是项目营销总监下达了"三个必须"的命令：费用必须控制在20万元以内，导客量必须达到1000人，而且来访客户必须为投资型客户。

难度极大！

接到任务之后，项目策划组经过认真讨论，提出了五个急需解决的问题：（1）活动规模、规格如何拉高？如何区别其他投资类活动？（2）邀约客户从何而来？客户数量如何保证？（3）费用不足如何达到宣传目的？费用问题如何解决？（4）活动炒作话题如何包装？（5）如何完成销售介入，让客户主动与销售接近？

在没有推广费用情况下，要做一场高关注度、高人气、低成本的活动，看似一场不可能完成的任务，但是通过多渠道的发力，一场大策划由此而生。

1. 屈身为二，只为请君入瓮。

很多项目做活动，都恨不得把冠名方、主办方都写成为自己的项目，然而丰隆城市中心项目为了让活动呈现得更有质感和公立性，从活动的初衷上要搞一次规模最大、涉及金融机构最多、参与人数最多的一次投资盛典活动，为了达到初衷，在确定邀约经济学家后，首先自动放弃主办方的真实身份，与媒体洽谈主办，将这场预期要引起投资界轰动的活动第一受益人让给媒体，自己屈身成为承办方，并且将嘉宾的独家采访，独家视频直播都免费授予唯一媒体，并利用自己的户外资源，也将同步进行主办方宣传，最终网易财经成为主办方，并且在网易财经、网易房产同步宣传，媒体宣传影响力巨大，但费用投放为零。

2. 排名无先后，只为都是"老大"

既然是投资界的一场盛事，必须要有足够多的金融机构，才会有秒杀其他投资活动的能力，而且这些投资客户也同样是该项目的购买客户，客户属性在此首次重合，策划和渠道人员罗列了苏州所有的保险公司、金融投资机构、银行进行洽谈，以联合冠名的形式且每个领

图8-10 多家金融机构联合"赞助"金鸡湖投资论坛

域只能有一家公司可以冠名的方式，与数十家公司进行的为期一个月的洽谈，以媒体报道、人物专访、户外联合冠名、共享本次活动参与客户信息、活动环节圆桌论坛等多种形式的合作，最终幸福人寿保险、小牛资本、中国银行成为联合冠名商（见图8-10）。

3. 到访人数是活动成败的关键

活动不能成为一场华丽的挥霍，到访人数是验证活动效果的关键之一。在确定主办方、联合冠名方、经济学家几个重要内容后，那么就需要保证活动的到访量。

策划和渠道人员开始对全市的金融机构（包括银行、证券公司、保险公司、投资公司等）进行海量邀约，邀约机构自有客户参与这场规模最大、范围最广、礼品最丰厚的活动。后来，开发商的渠道部门一共邀约了22家金融投资公司、7家银行、3家保险公司的客户，保证了本次活动的人气爆棚。

论坛当天，活动来人取得了意想不到的效果，大约1000人的大厅挤满了1400余人，主办方临时加座也无法满足需求。

4. 有钱人的伙伴都是有钱人

在确定了活动规模和确定的海量参与人数目标后，投资领域的一场嘉年华规模已然形成，该项目的策划人员拿着活动方案，先后和裸钻定制、中国银行黄金、林肯轿车达成合作意向，实现了本次活动裸钻、黄金、林肯轿车使用权的礼品赞助，这些赞助方正是看中了这些高质量客户所蕴藏的强大购买力，以扎堆效应形成品牌聚合，提升了本次活动的规格和档次，也解决该项目营销推广费用不足的问题。

5. 最弱化的销售介入却成为最有效的销售刺激

因为房产与保险、理财、黄金都同样具有投资属性，所以这场活动面临了同类型竞争的问题，在与其他公司沟通过程中，各家机构都提到不能过多将房产产品内容植入，后来经过营销部认真考虑后决定：软性植入项目广告，将最复杂的项目PPT介绍只浓缩成一张内容——24米

图8-11　金鸡湖论坛上唯一但极有效果的销售信息

的LED大屏幕上呈现了一句话：凭现场照片享受1%的额外优惠（见图8-11）。后来这张照片在朋友圈疯传，被人称为"最贵的照片"，也促使很多客户到访售楼处了解详情，实现了销售与客户接触的目的。

外部拓客心法

狭义的"外部拓客"指的是在客户无法导入售楼处的前提下渠道部员工主动接触客户并开展销售活动的行为，外部巡展点拓客、团体推售、异地拓客等都是"外部拓客"的范畴。其实，"外部拓客"的终极目标还是要将客户导入售楼处，只不过这对渠道人员的要求更高了，这个时候需要我们增加客户的"导入工具"，更加立体化地呈现多种拓客手法！

9

心法二十一：
如何发挥外部巡展点的销售效能？

在房地产营销过程中，巡展是目前最主要的线下拓客方式之一，也是最早的房产营销手段之一。几乎所有的房产从业人员，无论是从策划、销售，或是渠道，都少不了巡展的执行经验。但从各家巡展的实际效果来看，不同的团队，不同的管理模式，实际效果差别很大。如何建立有效的巡展执行体系，是本章需要解决的核心问题。

1. 巡展的作用及功能

笔者在《房地产渠道管理一本通》的书中提到，巡展存在的意义就是"让产品与客户的距离更近"。巡展作为一种直接接触客户的媒体形式，兼具了局部区域覆盖的推广功能和直效拓客两大核心功能。

在推广层面，巡展可以利用巡展阵地，实现定向广告传播功能。在接触客户层面，每一个巡展点都应该是一个小售楼处，具备完整的意向客户登记及预接待功能。

正因为如何，在进行了一定量有效的巡展之后，通过案场精准的来访客户统计（案场需对来访客户工作、居住区域做精准登记），往往会出现两方面的效果反馈。一是通过巡展直接导入的客户量，二是阶段性巡展执行区域的自然来访客户量同比提升。在案场做巡展效果统计的同时，需要综合考核自然来访和直接来访客户两项数据，以做客观的巡展效果评估。

同时，巡展的主要费用仅为"展位费用+布展费用+运输费用"。巡展是一种低成本的拓客形式，正因如此，巡展广受行业追捧，几乎是兵家必备拓客工具。

2. 巡展的能级分布及特点概述

从巡展的形式及级别来看，巡展可以分为四级展点。

三、四级展点，主要承载客户预接待功能。以意向客户积累，并向临近的一、二级展点或临近的售楼处进行客户输送，为核心目标。一、二级展点，主要承载客户第一轮接待功能。借助展点道具，向客户进行全方位的项目推介，并进行客户有效信息登记（如表9-1所示）。

巡展的能级分布及特点概述　　　　　　　　　　　　　　　　　　　　　表9-1

巡展能级	巡展形式	功能及说明
一级	城市展厅	可用于项目启动前期，作为临时售楼处； 可用于作为跨区域导客作业，作为第二售楼处； 需要具备完整的售楼处接待职能； 面积要求：30m² 以上
二级	核心商超展厅	主要利用商超人流，实现推广传播及客户预接待； 需要具备完整的小型售楼处接待职能； 面积要求：20m² 左右
三级	人流聚集点	由渠道人员收集活动信息，进行阶段性巡展； 在主要交通枢纽（地铁站等），进行人流密集区巡展； 需要具备客户预接待必备的项目核心价值点展示； 面积要求：15m² 左右
四级	社区展点	针对目标客户地图，进行社区巡展； 需要具备客户预接待必备的项目核心价值点展示； 面积要求：10m² 左右

3. 巡展兵法成败的核心要领

兵法云，成败在于"天时、地利、人和"！决定巡展成败的亦是如此！

巡展是客户首次接触的第一窗口，与客户的首次接触效果如何，则是成功的关键所在。若为了做巡展而做巡展，未做好的充足的准备工作，或是巡展主题不明确，或是巡展说辞不足以吸引客户，或是巡展人员能级达不到要求。仓促上阵，则会适得其反，不但客户无法导入，在客户预接待过程中，让客户失去了兴趣，反而会流失客户。

为此，做好巡展，需要在合适的营销节点，选择适合的巡展主题，精心选址，并辅以合格的巡展人员，方能实现若巡展的效果最大化。

（1）天时：合适的营销节点、适合的巡展主题、合理的时间安排、创意的巡展形式

营销节点决定巡展选择形式

巡展执行的营销节点选择   表9-2

营销节点	适合的巡展形式	节点选择说明
筹备期	城市展厅	考虑到客户的有效期，一般不早于售楼处公开前一个月，启动城市展厅，过早客户流失会造成营销费用浪费。
形象期	城市展厅、核心商超展厅	形象推广期，需要一定的调性支持，一般以具备一定规格的一、二级精装展厅形式为主。 不宜启动社区之类巡展，以免降低项目调性。
首次开盘	核心商超展厅、人流聚集点、社区巡展	首次开盘前，需要快速蓄客，可以全系列展点集中推出，快速导客。
续销期	人流聚集点、社区巡展	开盘后进行续销期，以低成本巡展作业为主

巡展主题决定成败

任何形式的巡展，都必须具有鲜明的巡展主题。巡展的主题，简而言之，就是可以直接戳中目标区域客户痛点的项目核心卖点。同时，因巡展天然具有区域局限性，同一个项目，对不同区域的客户而言，客户的购买点都不一样。为此在设计巡展主题的同时，需要针对不同的区域属性，进行设计，以戳中客户痛点，从而方可实现客户对项目的关注，实现来访。

例如昆山花桥某项目，面向上海客户的推广主题，就是地铁十一号线的开通，低单价、低总价；而若是面向苏州和昆山的投资型客户，则要讲的上海后花园，客户外溢，升值空间。

再如苏州吴江某项目，位于苏州工业园区、吴中区、姑苏区、吴江区四区交界处。每个区域都有一定比例的客户基数，针对不同区域客户需要进行不同的推广主题细分。针对园区客户，因为15分钟全快速路可以直达园区，推广主题是"家在吴江，生活在园区"；针对吴江的客户，推广主题是"让生活离主城区更进一步"。

合理时间安排，实现效果最大化

巡展时间安排要领   表9-3

巡展能级	巡展形式	巡展时间安排要领
一级	城市展厅	9: 00 ~ 21: 00，同步售楼处正常工作时间，保证客户接待
二级	核心商超展厅	10: 30 ~ 20: 30，主抓中午、晚上两个人流密集点时间点

巡展能级	巡展形式	巡展时间安排要领
三级	人流聚集点巡展	8：00～9：00，17：00～19：00 主抓上下班早晚高峰
四级	社区巡展	16：00～19：30 夏天延长 1 小时，可自备照明电源 冬天因为天气原因，难以聚集人流，不建议做巡展

巡展形式，有创意才能吸引眼球

决定巡展效果的因素，除了以上之外，巡展的形式同样也是关键。好的具有创意的巡展形式，可以最大化发挥巡展的推广传播功能，同时又可以吸引人流，达到提升客户导入的目的。传统意义上的巡展形式主要为背景板、接待桌、接待台、易拉宝或画架。传统形式的巡展已经不足以吸引客户关注。

好的巡展形式，应该是移动的户外广告，外形风格通过异型塑造吸引客户眼球，且具备完整的微型售楼处的接待功能，可以实现客户的预接待功能，如图9-1所示，万科某项目的巡展点采用的是集装箱形式，中海某项目的巡展点在房车上。

图9-1　万科和中海某项目的展点形式

（2）地利：合理选址、做深、做细、做透

任何项目都有自己的客户地图，巡展点在选址时，客户地图是巡展选址的主要依据。而细化到巡展具体的点位，以社区为例，社区内不同的位置，人流及效果都会有很大的区别。为此在巡展选址过程中，需要执行人员前期进行点位人流量、交通动线的前期踩点及调研，以保证效果最大化。而不同的展点形式，对选址的要求，实际也不尽相同。

合理选址保证巡展效果最大化

巡展选址要领 表9-4

巡展能级	巡展形式	巡展选址要领
一级	城市展厅	城市展厅所在位置，必须具备城市级知名度，一般选择城市地标性建筑或者商圈； 再者，城市展厅必须具备良好的交通条件，方便客户到访，为二、三、四级展厅对客户进行邀约创造条件； 同样，城市展厅所在位置，需要大量的人流支持，以增加来访，实现更多的客户导入
二级	核心商超展厅	商超所处位置，必须属于有效客户地图半径范围内 人流是商超选址的核心，必须在商超核心交通动线，或者中庭位置
三级	人流聚集点巡展	以人流动线为第一考虑要素
四级	社区巡展	小区主入口是最佳位置，其他位置一般效果都不佳

巡展动态化，以展点为中心，做深做透，实现区域全覆盖

每一个商圈、每一个社区，都有自己的辐射半径。传统的巡展模式是静态的，只是设立一个展点，配备2~3名人员，静态客户主动询问。当下，静态的巡展模式，将逐步被淘汰。每一个巡展点都是一个临时的接待中心，所有的渠道人员应该主动出现，对社区全区域的街铺、社区活动中心、单元楼栋、停车场进行全方位的覆盖。一个展点，静态的接待人员只需要1~2名，而进行以展点为半径进行动态客户导入的人员应该在6人以上。其中要求所有动态外拓人员统一着装，并进行统一培训，同时设立相应奖励机制。

具体人员配置，在巡展执行之前，渠道展点的负责人应该结合社区踩点，规划好详细的展点拓客人员安排。

做深做透巡展执行方略

进行周边商圈扫街并以礼品及以简短的核心说辞吸引客户到展点咨询，实现有效客户导入；与周边商户建立长期合作关系，比如赠送超市塑料袋、饭店纸巾盒、台卡等；启动周边小据点广告拓展及覆盖，具体形式由渠道人员与周边商户洽谈，在醒目位置张贴海报、并支付少量费用，提升媒体传播扩散效果。

（3）人和：合格的人员能级，可实现人气聚集的巡展设计

巡展的渠道人员能级要求

巡展的选址、主题等可以说是决定巡展效果的关键因素，但实际上真正决定巡展

成败的最核心因素其实是"人"，同样的策略及由不同的渠道人员执行，结果会大相径庭。

巡展在销售环节中，扮演的角色是客户预接待。客户很多是通过巡展第一次接触到项目，渠道人员预接待的效果，直接决定了客户的意向度，以及是否可以实现有效到访，为此巡展人员同样需要较高的专业能级要求。

巡展人员能级要求 表9-5

巡展能级	巡展形式	巡展人员能级要求
一级	城市展厅	专业级销售人员能级要求
二级	核心商超展厅	专业级销售人员且具备三、四级展点人员要求的渠道配合
三级	人流聚集点巡展	可以以最简短的方式，清晰地讲解 1~2 个足以打动客户的核心卖点，吸引客户留电及到访
四级	社区巡展	可以完整阐述项目核心卖点，能清晰地讲解 1~2 个足以打动客户的核心价值点，吸引客户留电及到访

可实现人气聚集的巡展设计

在实际巡展执行过程中，具有客户参与感的巡展形式，与客户互动，增加与客户接触的机会，往往会事半功倍。以创意的巡展主题形式，少量的礼品及游戏，吸引人流，留驻人流，往往可以实现更多的留电及后续到访。如建发地产某项目在巡展过程中，增加了游戏环节，让孩子亲自参与到"愤怒的小鸟"的游戏中去（如图9-2所示），给展点增加了大量人气。

图9-2　建发某项目巡展过程中设置游戏环节

4. 巡展过程管理办法

再好的巡展设计，如果没有有效的监管体系，效果也会大打折扣。如何进行更有效的监管体系，才能更好地确保巡展执行的效果？我们推荐如下七种方法：

（1）俩俩监督制：每个展点至少配2名人员，进行互相监督。

（2）展点指标责任制：每个展点，每天必须有效留电××组，未达成，展点自动延长2个小时。

（3）微信定位共享及照片抽查：每个展点人员，保持微信定位共享状态，并不定时拍照，便于实时抽查，发现违规，按照旷工处理。

（4）配备录音笔：所有客户接待环节，要求开启录音笔。

（5）渠道督导不定期抽查：由渠道督导，不定期进行抽查，发现违规行为，按照规章制度严格处理。

（6）巡展集中期，由第三方神秘人进行抽查：在巡展集中期，聘请第三方神秘人进行展点人员工作及接待，工作情况抽查，建立完整的监管体系。

（7）明确的奖惩机制：以展点登记客户直接来访，作为指标考核，建立奖惩机制，并进行分组对比，建立荣辱观。

5. 意向客户的有效到访

我们在巡展过程中往往会遇到这些问题：客户现场感兴趣，但因为嫌麻烦、缺乏动力而没有马上来看项目；巡展说辞逻辑不足以打动客户，客户回去后就暂时放下了；客户回访邀约不够及时，客户收到其他项目信息，有更大的诱惑力就去了其他项目，造成客户流失。

那么，如何保证巡展的意向客户能及时到访呢？

（1）确保巡展点客户预接待的执行效果

因展点的到访客户基本是随机路过的客户，一般没有看房目的性，除非有活动吸引，一般逗留时间不会太长。渠道人员首先拟定在该区域的核心巡展说辞，在巡展点进行客户预接待过程中，简明扼要的几句话，直接讲出项目的核心价值点。比如"我们项目的核心卖点是目前××城市品质最高的项目"；"我们项目是目前性价比最高的项目，也是城市销冠"等比较明显的项目标签。

在客户预接待过程中，主要阐述核心卖点，只谈大概产品、房型等等，不谈价格、折扣、房源等任何信息，避免客户全部了解后，放弃项目到访。在接待过程中，以闭合的方式直接与客户约好到访时间，得到客户的口头到访承诺，避免客户摇摆，提升客户来访概率。

（2）针对意向客户使用诱惑力的邀约方式

常用客户邀约方式：活动、礼品、抽奖、促销、总经理特批房源、工抵房、限时优惠房源、限时涨价、土拍、样板房公开等。

（3）意向客户邀约标准化说辞

在意向客户邀约过程中，渠道意向可以以周末为单位进行客户邀约标准动作。邀约说辞要注意以下四个方面：

第一，时间选择，尽量安排在11：00左右或者15：00～16：30阶段。

第二，不要在电话里对客户的所有问题全部一一回答，保留部分问题作为下次邀约电话的理由，不要一味回答问题被客户牵着方向走，失去话语的主动性，可相互公平的一问一答，不卑不亢。

第三，问题多以封闭式问题为主，而非扩散性问题。

第四，电话回访中及时记录，记录客户每次电话回访后的重点内容为下次回访作为先期铺垫，提高当位客户的成交率。

心法二十二：
如何低成本、高规格地开展异地拓客工作？

在房地产渠道营销中，异地拓客往往是很多渠道人员的噩梦，到了一个人生地不熟的地方，费尽所有资源拓客，营销费倒是花了不少，但是精准的客户却像是藏了起来，成交情况更是惨淡得不行。

正因为如此，很多开发商不敢轻易启动异地拓客工作，除非遇到了这样三种项目：第一，项目属于投资型或度假型产品，往往被客户称为"第二居所"；第二，项目周边的客群不足以支撑该区域所有项目的销量，必须开拓异地战场进行客群的补

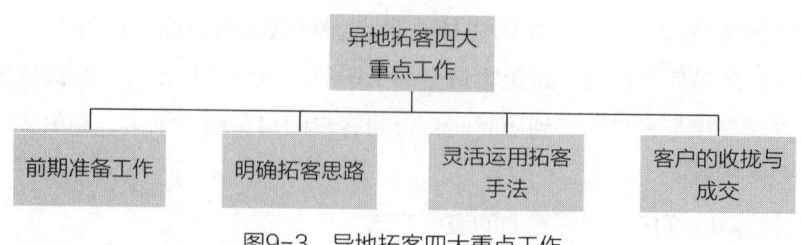

图9-3　异地拓客四大重点工作

充；第三，项目所在区域不被本地客群认可，必须寻找外地客户弱化区域抗性。

异地拓客的确比本地拓客要复杂得多，如果异地客群只是项目所有客群的补充，往往只要启动异地分销或派遣小股"特战队"进驻即可；如果异地客群是项目的主力客群，那么，这将是一个庞大的营销体系。我们需要在四个方面进行精细化部署（如图9-3所示）：

1. 异地拓客的准备工作

异地拓客的前期准备工作非常繁杂，总结下来有十大工作需要一一完成（如图9-4所示）：

（1）区域市场的调研工作

市场调研工作是一切营销工作的基础，对于异地这个陌生的城市来说，市场调研更是需要更加仔细认真。该城市的人口结构、收入水平、支柱产业、客户的生活方式和工作方式、客户的住房情况、接触客户的途径、媒体行业概况等都需要了解清楚，这为后期的渠道拓客方向、媒体推广方向奠定基础。最为重要的是，需要了解该区域

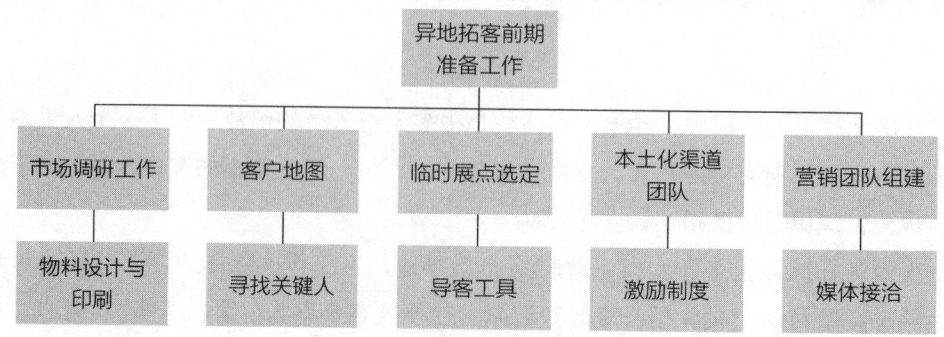

图9-4　异地拓客的十大前期准备工作

客户是否有异地购房或投资的打算，数量大概有多少，这是我们是否选择该区域为拓客对象及投入兵力多少的重要依据。

（2）客户地图的初步绘制工作

在初步了解市场和客户的前提下，如果该城市适合我们开展拓客工作，那么就必须绘制一张该城市的客户地图。但是在绘制客户地图时需要注意的是，这不是"有钱人"的地图，而是"有可能跨区域购房"的客户地图。

（3）临时营销展点的设置工作

根据市场调研的结果，我们需要在该城市设置一个及以上的"导客阵地"，也就是我们所说的临时接待中心，该接待中心需要满足三个条件：第一，面积不能少于100m²，要兼顾展示、接待、临时办公三重功能；第二，临时接待点必须设置在客户地图中客户的工作或生活的聚集地；第三，临时接待点最好配有小型的活动场地，便于开展客户的"收拢"工作。

（4）本土化渠道团队的建设与培训工作

在异地展开渠道拓客工作的核心是资源的开发和运用，因此，我们千万不可以盲目信赖原有的渠道团队，而是要建立起本土化的渠道团队（管理人员可以从项目所在地派遣）。"水土不服"是渠道拓客人员的通病，在不了解区域文化和生活习惯的情况下拓客，绝对是对人力、财力和物力的浪费。

（5）异地营销团队的建设工作

除了渠道团队之外，销售团队、策划团队、后台团队也需要尽快建设，销售团队人数不宜过多，毕竟，大部分的成交工作需要在项目所在地完成，只需要几名专业的置业顾问接受客户咨询即可；策划团队必须要在当地工作，这样才可能对推广方向有所把握，同时也可以为渠道的拓客工作提供策略支持；后台团队指的是数据统计和后勤工作，只有在当地工作，才能获得一线信息，为渠道拓客工作提供帮助以及考核工作。

（6）物料的设计与印刷工作

物料的设计与印刷工作需要在项目所在地完成，楼书、海报、折页、客户信息单等一样不能少，发放给客户的礼品以及拜访高端客户所用的定制礼品更加需要准备妥当。

（7）关键人的寻找与接触工作

在完成了客户地图的绘制工作后，我们需要找到关键人并且不断介入，寻找拓客捷径。这个关键人可能是通过当地的媒体关系找到，也可能是通过政府关系找到，也可能是通过陌生拜访而来，此类关键人寻找得越多，拓客工作进展越顺畅。

（8）拓客的相关激励制度的建立

异地拓客的难度远大于本地拓客，渠道人员不仅要找到客户，还要承担将客户导入项目所在售楼处的责任，因此，必须建立起"高绩效、高激励"的渠道制度，提升渠道人员的拓客积极性，通过制度层面免除渠道人员的后顾之忧。

（9）区域媒体的接洽工作

异地推广为渠道工作起到保驾护航作用，只有解决了品牌知名度问题，渠道拓客才能事半功倍，这个问题一直没有得到开发商的重视。

（10）导客工具的安排工作

异地拓客的最终成果是客户的"收拢"，如何将客户带至售楼处？这需要开发商提供周到的交通服务和一切差旅服务，只有提升客户的体验感才能让客户"下定"，才能让客户再次光临售楼处。

2. 明确异地拓客思路

在充分了解了外区域市场的情况下，我们派遣团队或组建团队开始正式开展拓客工作时，作为渠道负责人必须有明确的拓客思路，这是渠道工作的总纲领。

拓客思路是由三个要素决定的（如图9-5所示）：

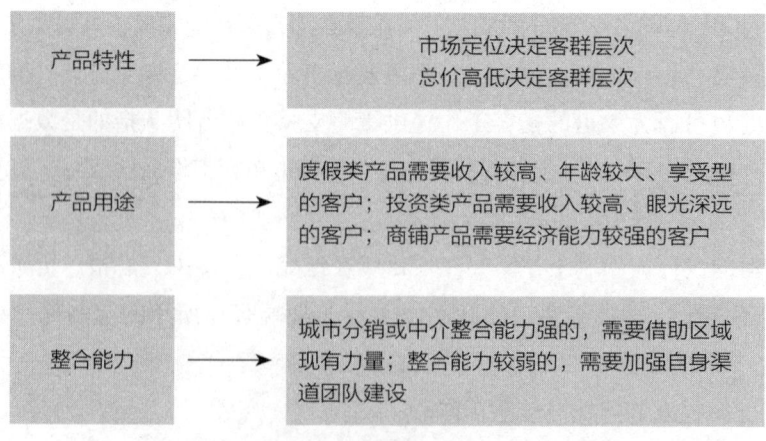

图9-5　拓客思路的产生逻辑

所谓"拓客思路"用两个问句总结就是：找到什么样的客户？运用何种渠道找到他们？

项目定位决定了客群定位，如果项目定位相对高端，那么我们寻找的客户必定是高端的；如果项目定位相对刚需，但是到了拓客区域中该价格只有高端人士能够承受，那么客群同样是高端的。如果是高端客群，我们是使用"大客户拓展法"还是"资源嫁接法"？运用"私宴营销"还是"活动营销"？这些问题需要我们通过项目定位以及客群定位寻找答案。

另外，产品的用途也影响着拓客思路，度假类产品、投资型产品、总价较高的豪宅或商铺类产品等所对应的客群都是不一样的，这些客群有什么特征？他们在哪里？运用什么办法可以找到？这些问题需要我们通过对区域客群的分析之后才能知道。

如果拓客城市存在着大量的分销公司、中介公司，我们可以利用现有的城市资源发挥他们的特长并辅以高激励的制度来完成拓客工作，我们投入的兵力可以相对减少；如果这方面的资源较为匮乏，我们只有靠自建团队来完成。

"异地拓客思路"案例：

万达商铺的异地拓客思路

万达近两年大力发展文旅项目，而万达城项目很多都在郊区，项目体量非常大，要在短时间内达到快速蓄客、大规模开盘的要求，而且确保开盘热销难度非常大。所以万达制定了非常明确的外拓思路：

1. 重点突破大客户，异地分销为辅

以项目所在城市为中心，策略以重点突破大客户大企业，异地分销渠道拓展为辅，深耕本地，拓展异地。

2. 整合渠道，分销借力

万达城规模体量很大，靠本地客户很难支撑，所以万达一般会选择全国性知名分销带来机构来合作。通常分销商会分类管理，A类由集团管控筛选和考察（全国性知名分销代理机构），B类由项目公司主导筛选考察（地域型分销商和资源型分销商）。

3. 全国资源统一调配

万达集团营销部一般从区域管控、节点配合两个维度统一进行外拓资源调配。

万达按地理划分将全国市场分为华东、华北、华南、西南4个区域。每次有项目要开盘，都会根据项目不同节点的要求，由集团营销统一调配拓客资源进行支援。而在一些重要的开放或开盘节点，对每个项目会下达一定的支援任务，保证所有项目的外拓资源得到充分的整合利用。

3. 异地拓客重要手法

理论上来说，异地拓客的手法与本地拓客没有明显的区别，只不过异地拓客更加注重线下工作，总结下来，有十三个重要手法推荐给大家：大客户拓展、活动拓客、分销或中介联动、商圈派单、动线堵截、社区覆盖、竞品拦截、加油站夹报、商超巡演、商家联动、动迁挖掘、商铺扫街和客户陌拜。

本节我们重点阐述三个手法：活动拓客、大客户拓展和动迁挖掘。

（1）开场活动：告诉客户"我来了"

活动营销是渠道营销中发挥着"收拢客户"、"筛选客户"的重要作用，但是有一种活动常常被营销负责人所遗忘，那就是开场活动。

身处异地，很多客户对开发商品牌、项目品牌毫无认知，这个时候需要一起大型、有档次、有爆发点的活动打破这个僵局。比如一场别开生面的明星演唱会、一场充满人情味的品牌发布会、一次轰动全城的公益活动、一场气势磅礴的焰火秀等，都可以让项目迅速在异地升温，吸引客户的关注。

"异地拓客开场活动"案例：

碧桂园海南区域举行全国六大城市巡演

2016年9月底，碧桂园海南区域十二个项目联合举行了主题为"有一种生活叫海南"的巡演活动，活动横跨哈尔滨、北京、重庆、郑州、上海等全国六大城市。

以哈尔滨首场巡展为例：

碧桂园得知：东北人在海南平均每年购买超过一万套房子！据资料显示，海南购房者87%来自岛外，其中海南东线一带，东北客户占到60%以上。

不难想象，海南四季如春的气候、椰风海韵的环境、蔚蓝壮阔的大海……无一不引起北方人民对海南的憧憬和向往！许多来自东北的候鸟们纷纷南下海南过冬，甚至举家迁移至海南定居。这里温暖的气温、富氧的空气、健康宜人的居住环境，成为每一个东北人的海南情结！

作为海南标杆房企，碧桂园海南区域2016年豪掷重金在哈尔滨发展的群力新区设立了面积逾300m^2、功能齐全的城市展厅，凭借雄厚的品牌实力及号召力，迅速在哈尔滨掀起了一股海南热。

与一般的推介会不同的是，该巡演融合了海南特色美食、民俗文化表演、碧桂园海南区域十二大项目资源等海南元素，比如海南岛服换装装置，黎族舞蹈、民歌串烧、风情走秀，媲美海南印象的民俗演绎，都可以给客户带来海南度假的新鲜享受。

本次哈尔滨首站路演，碧桂园海南区域重金邀请黑龙江卫视名嘴李佳芮助力，她带领着数千名市民一起体验这次梦想度假盛宴！

（2）大客户拓展：渗透当地圈层

大客户拓展是异地拓客的重要且使用频率最高的拓客手法，不管是度假型产品还是投资型产品，客户的从众心理非常强，一旦身边的人购买，其他人就会迅速跟进。所以，每一位渠道人员都应该在当地迅速寻找到关键人，融入他们的圈层开展渗透式的营销工作。关于圈层营销本书的"心法十七"已经做了详细阐述，此处不再赘述。

"万达大客户拓展"案例：

万达大客户拓展的十个方法

明源地产研究院的吴林蔚女士曾经对万达的大客户拓展方法进行了如下总结：

万达非常重视大客户团购这个拓客方式。大客户团购一方面可以达成短期高额销售，快速销售回款，另一方面也可以建立稳固高效的客户渠道。万达从六个细节开展大客户团购活动：

1. 客户地图：根据项目特点，编制政府、银行、企业、学校、商会等意见领袖和圈层活动客户地图和名单，并针对性获取团购联系人进行商洽。

2. 团购目标：政府机构、银行金融机构、大型企业、医院、学校、商会等。

3. 团购价格：依据项目区域竞品价格和去化速度，制定有竞争力的团购价格。

4. 团购销售道具：产品说明会PPT、团购活动邀请函、团购客户身份确认卡等。

5. 团购口径：制定团销售统一说辞，区分团购客户和散户。

6. 团购活动：通过大型客户活动进行产品推介、现场认筹，筛选客户，明确意向。

对于大客户拓展，万达梳理了10种方法：

（1）普遍寻找法

根据项目的定位，针对目标群体所在的区域或小区采取逐户寻找。其要点是在特定的市场区域范围内，针对特定的群体，用上门、邮件或者电话、电子邮件等方式对该范围内的组织、公司或者个人无遗漏地进行寻找。

（2）转介绍方法

通过他人的直接介绍或提供的信息进行寻找。可以通过公司全员、合作伙伴及业主的熟人、朋友等社会关系进行介绍，主要方式有电话介绍、口碑传递等。

（3）资料查阅法

通过政府部门相关资料、行业协会的资料、国家和地区的统计资料、企业黄页、工商企业目录、纳税记录、互联网等大众媒体、客户发布的消息、产品介绍、企业内刊等资料寻找客户信息。

（4）委托寻找法

通过有偿的方式委托特定的单位或人员为项目收集信息，了解有关客户和市场、地区的情报资料等，具体包括短信平台运营商、移动服务商、物管公司等专业数据服务商。

（5）业主资料整理

强调业主资料管理，对现有的业主进行A/B/C分类，制定针对性的客户维系方案。

（6）商会寻找法

关注各类商会和城市各项展览会，通过与主办方合作获取参展单位信息并在展会上收集目标客户信息。

（7）圈层寻找法

行业组织、技术服务组织、咨询单位等集中了大量的客户资料、资源以及相关行业信息；通过咨询方式寻找客户不仅是一个有效的途径，还可能获得这些组织在客户联系、推介、市场进入方案建议等方面的帮助和支持。

（8）企业活动寻找法

通过公关、市场调研、促销、技术支持和售后服务活动等直接接触客户，过程中与客户的沟通、交流都非常充分，是寻找客户的好机会。

（9）网络寻找法

通过微信/微博/博客群/论坛中认识的朋友寻找机会，一方面这些博友本身有可能就是潜在客户，另一方面这些博友可能是意向客户的介绍人。

（10）地图寻找法

通过百度或GOOGLE地图，有针对性地找寻特定的区域，收集上面显示的公司等，反过来再搜这些公司的电话及相关信息等。

（3）动迁挖掘：资源的合理化配置

在异地寻找动迁资源是拓客最有效的方式之一，不过有一点我们需要明白，一般动迁户不太喜欢到外地置业，但是由于中国的动迁政策非常好，居民往往会以货币的形式得到补贴，而且他们大多会在本地城市重新置业后依然会结余一笔补贴款。鉴于此，我们可以说服客户要将资源进行合理化的配置，持有多种类型的不动产可以大大降低投资风险。

4. 异地客户的收拢与成交

客户的收拢是异地拓客的核心环节，由于项目所在地与拓客区域距离较远，客户不可能自动前往，这就给客户的收拢工作带来了巨大难度，为了保证这一工作万无一失，我们务必要做好以下六个环节的工作（如图9-6所示）：

以上六个环节的暖场活动、产品推介会、集中客户、回访与馈赠四个环节需要在拓展的城市举行，主要目的是筛选有一定购房意向的客户前往项目所在地售楼处，由现场的置业顾问进行更加翔实的解说，最终促成交易。

业内普遍的做法是以组织"旅游团"的形式邀约客户前往售楼处，我们可以将这一形式进行升级，如以圈层为单位，集中邀约他们到售楼处参加他们圈层最感兴趣的

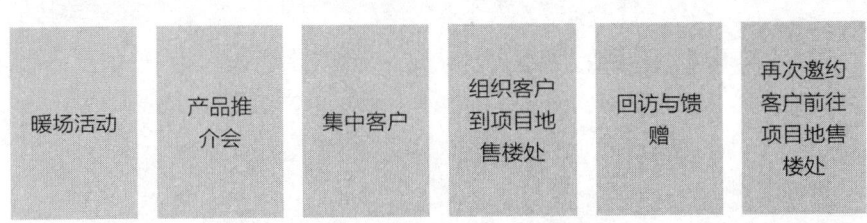

图9-6　异地客户收拢与成交的六个环节

活动，当然，售楼处内一定要有足够吸引他们的活动内容或活动设施，最大限度地延长他们在售楼处的停留时间，让客户有足够的时间体验产品特色。

随着远郊项目的日益增多，异地拓客这样的形式会越来越多地出现在房地产营销领域，面对这样的情况，我们不应畏惧，扎扎实实地做好基本工作，将本地拓客的手法与新区域的实际特点相结合，一定会获得出人意料的效果！

特殊项目拓客心法

在房地产渠道工作中，我们常常会遇到三种特殊的项目：远郊项目、豪宅项目和商业项目。很多渠道人员遇到这三种项目往往会无所适从，常常会用惯用的手法开展渠道工作，虽然手法类似，但是心法却完全不一样。对"客户习惯"的研究将是这三种特殊项目渠道工作的重中之重。

10

心法二十三：
如何为远郊项目源源不断地输送客户？

远郊项目是一种较为特殊的项目类型，由于其周边配套及其他资源的缺失，导致项目自然来访几乎为零，这是令很多营销负责人头疼的问题，所以渠道的建设工作就显得尤为必要了。然而，令人痛心的是，很多远郊项目都意识到了这个问题，但是导客效果依然很差，这主要是拓客方法出现了问题；还有的是公司的体制问题，对于客户的"收拢"没有给予足够的支持。

在这里，笔者向全行业呼吁：如果在操作远郊项目时，公司依然采取的是僵化的制度，不给予渠道团队足够的保障，那就不要做远郊项目，因为，这势必导致运营的失败！

那么，在远郊项目的渠道工作方面我们有哪些可行的拓客手法呢？笔者向大家推荐"多级展厅+特战队"渠道模式。

1. 多级展厅渠道模式的建立

多级展厅拓客模式由碧桂园公司首创，打破了传统的只有一个售楼处或只有几个临时接待点的销售模式，而是根据"客户地图"进行级别的划分，将售楼处或接待点增加至几十个甚至几百个。碧桂园将展厅划分为四级，关于四级展厅的划分我们在"心法二十一"的"巡展能级"中已经详细阐述。

碧桂园的多级展厅是一个复杂庞大的营销体系，我们在实际操作项目过程中，可以根据项目体量、销售目标、区域情况设置更加合理化的多级展厅。在设置展厅时，需要遵循以下三大原则（如图10-1所示）：

每一个展点的选择都要以客户地图为依据，尽量选择在目标客群的生活集中区域或工作集中区域；为了可以将潜在客户便捷地输送到展厅或售楼处，不要过于强求分级制，如果城市或区域较小，只设置一个展厅也是可以的；为了便于各个展厅可以快速地开展工作，每个展厅都要有完整的营销团队，除了渠道团队之外，策划团队、销

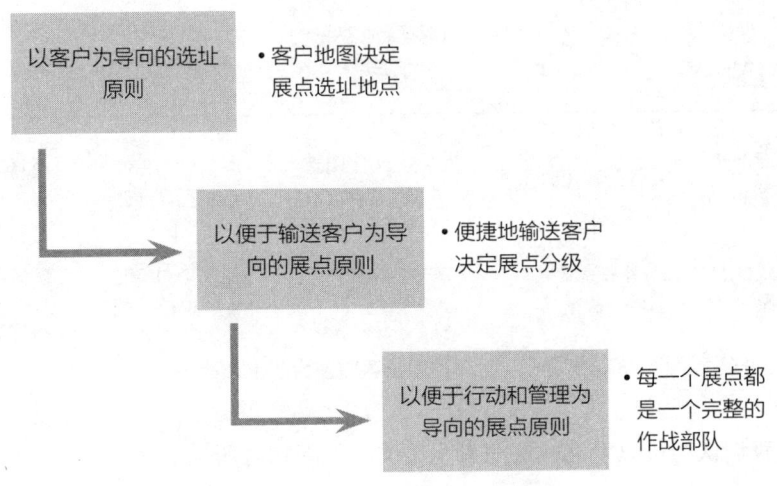

图10-1 设置多级展点的三大原则

售团队、后台团队缺一不可。现在很多大型公司为了提升每个展厅的作战能力，直接将策划人员"下沉"到展厅工作，为渠道拓客工作做好一切后勤保障工作。

2."特战队"的建设

"特战队"指的是除了在各级展厅开展正常的渠道工作之外，针对项目周边一些特殊资源组建的特殊渠道团队，这个团队的人数与素质视资源的可挖掘深度而定。

比如某远郊大盘，项目周边是一个知名的度假区，每天来往度假区的人络绎不绝，那么我们应该针对这部分度假人群组建专门的拓展团队；比如昆山花桥镇的某项目，90%以上的客群来自上海，有大量的客户坐地铁直达花桥看房，因此，项目除了分别在上海各个区县设置临时展点之外，还特地组建了一支"特战队"专门网罗地铁沿线的客户；再比如某投资型远郊大盘，项目因区域尚未成熟不得不开拓外区域市场，但是项目附近的村庄有大量的小型投资客，因此，项目特意成立了"乡镇组"，配备一辆看房车，专门深入村庄与村民接触，形成一座流动的售楼处。

3. 远郊项目拓客注意点

（1）整合多种资源

在进行远郊项目拓客工作时，我们要尽可能整合一切可以利用的资源向售楼处输

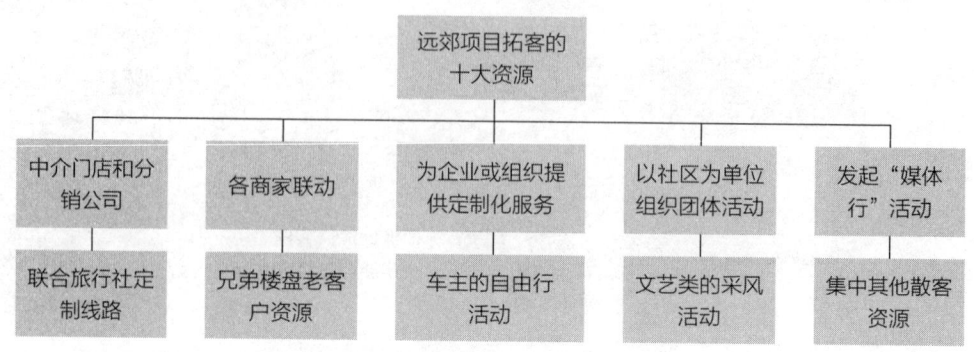

图10-2　远郊项目拓客时整合的十大资源

送客户，我们认为可以发动的资源有十大类（如图10-2所示）：

（2）"拍卖"资源，刺激团队

多级展厅制的渠道模式势必会导致资源的失衡，毕竟每个区域只由一个渠道小组负责，而每个区域的资源又是不一样的，为了解决这个问题，我们可以通过资源"拍卖"来解决这个问题。

比如某远郊项目准备开发五大区域（A区、B区、C区、D区和E区），由五个小组（A组、B组、C组、D组和E组）分别负责，营销负责人和渠道负责人根据五个区域资源的数量和优劣首先估算每个月的导客量，然后将五个小组的成员召集在一起进行"拍卖"。如A区每月的基础导客量为1000组，A组"报价"1200组，B组"报价"1300组，其他三组没有比这个更高的了，那么A区的拓客权交B组负责。

为了避免各组恶意竞争，必须对实际导客比例进行考核，低于80%的要进行处罚，达到120%的要进行奖励，如果某一个小组三个月连续落后，组长自动降级。

（3）不要拒绝"水客"

一般的项目对"水客"是拒绝的，唯独远郊项目不可以，毕竟每一个客户都来之不易，"水客"对暖场还是有很大帮助的。有些项目为了刺激来人，给经纪人设置了带看奖，每带来一组客户奖励100～200元不等的奖金或购物卡，但是要记住，"水客"名单一旦录入系统，第一次可以兑现，为了保护公司利益"水客"第二次来就不能再兑现了。

碧桂园所开发的远郊项目对"水客"不但不拒绝，反而是欢迎的。大家不妨欣赏以下案例：

碧桂园十里外滩导客案例：

多个活动、多种奖品、多个体验室吸引数万客户

碧桂园十里外滩项目位于崇明岛之上，坐享约3500m一线江景，拥有优良的生态居住环境，与南通的启东一江之隔，可惜的是距离上海市区太远，大约两个小时的车程，是典型的远郊大盘。为了网罗更多的上海客户，项目除了售楼处之外，还在上海龙阳路、古北路等设置城市展厅。

为了完善区域配套，同时给客户创造完美的体验感，2017年4月15日，主题为"漫生活馆"的大型会所正式面市。

会所内设置五大缤纷功能区，漫先生爱喝茶、梦想绘画室、动感影院、魔力海洋球、儿童天地等一应俱全，江景示范区户外探险、城市狩猎、欢乐BBQ、户外儿童游乐场，处处是乐趣，只为延长客户的停留时间。

上海各个展厅每天用十余辆大巴陆续向售楼处输送客户，为了吸引客户到访，项目为客户准备了各类大礼包，每一位进售楼处的人都可以参与"砸金蛋"活动，洗衣机、iPhone手机等贵重礼品也不吝相送。为了迎接五月份的劳动节和母亲节，案场还举办了诸如采摘水果、大胃王比赛、歌手竞赛等一系列活动，虽然吸引了不少"水客"到访，但是售楼处内热闹非凡，每天至少1500组客户到访，在财务室门前缴纳意向金的客户排了长长的队伍。

（4）售楼处内要有足够吸引力的噱头

对于远郊项目来说，几乎90%的客户都是"被迫"来访的，如果售楼处内没有足够吸引力的噱头，客户是绝对不会到访的。我们认为，售楼处要做到有看点，需要从以下五个方面来打造（如图10-3所示）：

售楼处内完美的体验感

售楼处是样板区的一部分，对于远郊项目来说，售楼处、样板房和样板区必须做好之后才能开门迎客，否则只能

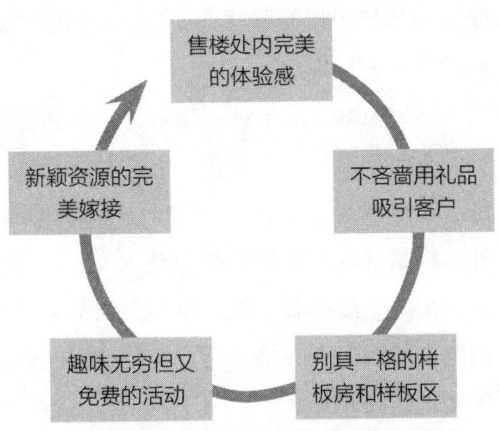

图10-3　五大措施提升售楼处的来访吸引力

是浪费客户资源。

售楼处（会所）可以被当作社区配套来打造，如游泳池、棋牌室、儿童玩乐天地、瑜伽室等满足不同层次客群的需要，另外，需要注意的是，这些功能必须要时刻使用，如果仅仅是展示功能就失去了效用。

不吝啬用礼品吸引客户

远郊项目一般定位为"刚需盘"，我们需要采购大批礼品吸引这部分客群，如果客户在这里"有吃、有玩、有礼品"，自然可以增加他们的来访兴趣。

别具一格的样板房和样板区

有些抱着看房、买房心态的客户也许对礼品不感兴趣，但是对样板房和样板区一定兴致勃勃，打造一处有特色、有极高辨识度的样板房和样板区，可以提高成交意向。

趣味无穷但又免费的活动

远郊项目的客户至少有90%是通过大大小小的活动邀约到访的，无论是标准化活动还是定制化活动，只要是有趣且免费的，总能吸引一部分客户的到访。如碧桂园的西班牙美食节、意大利美食节、巴黎美食节、德国美食节、拉菲&法拉利之夜、豪车节、果岭体验节、苏格兰周末、甲壳虫派对、别墅钻石夜等，每场活动至少可以邀约200组客户。

新颖资源的完美嫁接

远郊项目的售楼处引入一些新颖的资源往往能够起到非常好的导客效果，如果这些资源与孩子相关那就更加事半功倍了，如动漫人物cosplay、气球城堡、机器人展等均能导入大量客户。

苏州相城区的某远郊项目为了增强售楼处的人气，引入了"海洋展"资源，将孩子们平时难得一见的鲨鱼、海豹等海洋动物搬进了售楼处。活动现场不仅有凶恶的鲨鱼、美丽水母、笨拙的大海龟、傲娇的海马爸爸，还有可爱的小海狮表演；除此之外，售楼处现场设置了捕鱼达人竞技、海洋DIY活动，每个整点的互动抽奖环节，让活动浪潮一波接着一波。小朋友们都被吸引得迈不开腿，不停地拍照合影，就连大人们也在游戏中开心得不行。正是这样的展出，两天时间内导客2000组，让本来冷清的售楼处热闹非凡。

心法二十四：
如何提升豪宅项目的拓客手法？

相比较普通项目的渠道拓客而言，豪宅项目出自于对品牌的珍惜和对高端形象的保护，在渠道拓客过程中显得非常谨慎，很多拓客手法并不能广泛运用。

其实，单从拓客本身来看，豪宅项目的拓客要比普通项目简单得多，因为豪宅项目的客群所在地往往被大众所熟知，客户地图更加容易绘制，难度大的是高端客群的接触与导入。为了更好地开展豪宅的渠道工作，我们认为要做到三大类工作：推广更高调、客户地图更精准、拓客手法更高端。

1. 高调的推广奠定渠道拓客基础

豪宅的营销逻辑是：大部分人都知道，少数人在争抢，极少数人去拥有。因此，切不可忽视豪宅的营销推广手法，而且必须要做到：高调，但不声嘶力竭；有范儿，但不故弄玄虚。

在本书前文，我们曾提到豪宅项目的"自创圈层"问题，这都需要项目在策划层面、推广层面和活动层面的深度支持才能解决。

尤其是某些豪宅项目客群并非全部来自本地，外地客户要想知道这个项目也需要建立起"大区域化"甚至是全国化的品牌战略。大家可以留意近年来全国豪宅销售排行榜前五十位的项目，无一不是采用了这样的战略。

豪宅的大区域化品牌战略案例：

苏州桃花源亮相北京高规格文化盛会

苏州桃花源项目一直是中国文化建筑的标签，数年来一直稳居全国豪宅销售排行榜前十名。它的文化魅力不仅吸引着苏州当地高端客户，更加让北京和上海文化界名人心驰神往，据悉，桃花源的客群中至少有30%来自北京和上海。

为了更加吸引北京文化界高端客户，同时让北京的大客户团队更加容易地接触到这部分客群，项目于2015年5月23日联合中国国家画院公共艺术院、非物质文化遗产发展促进会主办了"非物质文化遗产传承与当代工艺美术作品展"。

开幕式上，有百余位国家级大师到场，与观众分享交流创作心得，畅谈非遗保护与传承。众位大师深知非遗文化传承的艰难，正如代表中国居住最高水准的苏州园林一直面临着断代的危机。苏州园林作为世界文化遗产，是中国文化四绝之一，代表了中国文化、中国居住的最高水准。然而匠人的缺失、手艺的失传、私家园林的高成本，让苏州园林渐行渐远。

苏州桃花源不惜成本，不抢工期，以最高标准实现对香山帮非遗工艺的抢救和传承，更显得弥足珍贵。为了复兴传统文化，拯救苏州园林工艺，苏州桃花源拿出最大诚意，邀请非物质文化遗产传人、苏州园林工艺的鼻祖"香山帮"进行营建工作，在打造过程中遍览古籍，再现了很多已经失传的技艺，亮相后成功跻身中国地产界罕见的全球性收藏品。如今，在中国地产界，提起"中国梦"和"匠心精神"，苏州桃花源毫无疑问是最佳代言。

苏州桃花源，作为非遗巨匠香山帮打造的顶级中式园林宅院，代表了对中式建筑文明的最高传承，在本次盛会上被授牌"非遗传承保护交流基地"，共同推动全球华人关注中华民族历史文化。

据悉，苏州桃花源通过搭建这一平台，将定期举办各种主题活动，邀请非遗大师、政府相关领导、收藏家等社会权威人士出席，推动一场由权威人群发起，全民参与的中国非遗技艺"抢救"行动。

2. 精准的高端客户地图

豪宅客群并不难找，平时他们最喜欢去的地方屈指可数，因此，豪宅项目的客户地图比较容易绘制。

对于豪宅项目的渠道人员来说，寻找客户主要是两个途径：一是直接找到有钱人，二是找到那些能接触有钱人的人。那么，有钱人在哪里？非常简单，他们无非是这些人：私营业主、企业高管、政府官员和各行业领袖，他们是各个领域内有话语权的人物，是各商家的VIP客户，他们居住在某区域品质较高的社区里（如图10-4所示）。

看似简单的三种途径，但是要想接触到这部分人难度极大，所以这需要我们在绘制地图方面做到更加精准。那么，豪宅项目的客户地图与普通项目的客户地图有什么不同呢？在"心法四"中我们介绍，普通项目客户地图是"根据'衣食住行'寻找客户触点"和"根据'行业分类'寻找客户触点"的，豪宅项目在绘制客户地图之前，不仅要对各个触点进行细分，还要注意以下五点（如图10-5所示）：

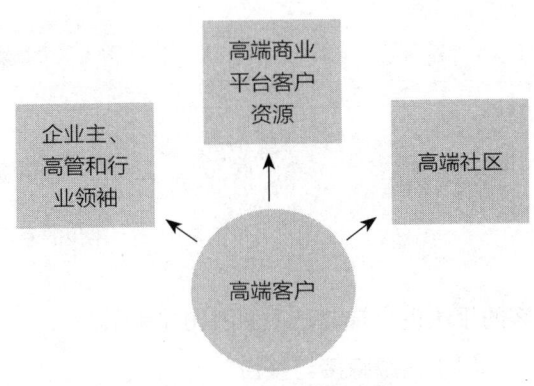

图10-4 寻找高端客户的途径

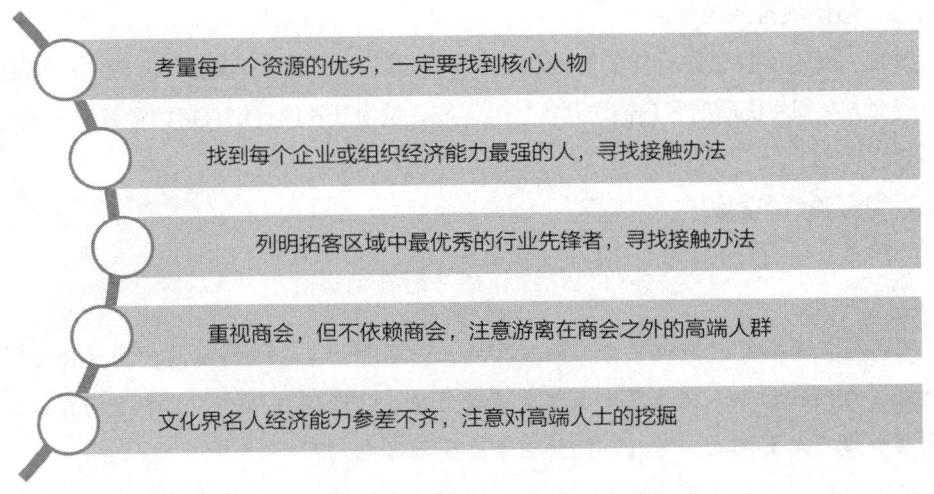

图10-5 绘制豪宅项目客户地图时需要额外考虑的因素

3. 全面升级的拓客手法

豪宅项目在拓客手法上是必须有所创新和提升的，市面上常见的用于豪宅项目拓

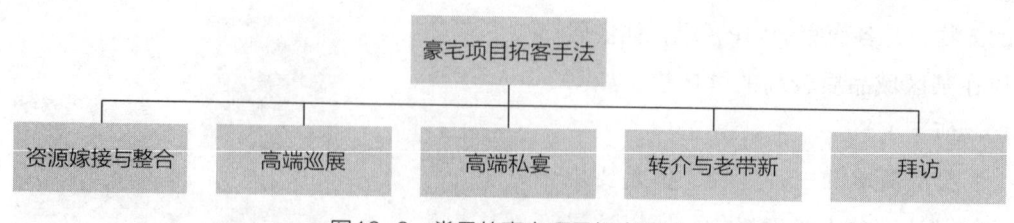

图10-6　常见的豪宅项目拓客手法

客的手法也只有五个（如图10-6所示）：

（1）资源嫁接与整合

资源的嫁接与整合是豪宅营销的主要合作模式，这也是"圈层营销"的重要体现之一。关于资源嫁接本书已经谈过很多技巧和落地执行办法了，但对于豪宅项目还需要注意如下两点：

第一，市场上"高端资源"泛滥，一定要找到真正的高端资源合作，同时，在合作的过程中要注重文化的塑造和输出。不管项目是中式的还是现代的，都应该以文化为核心，强调项目的附加值。

第二，豪宅项目资源合作的终极目标是"导客"，单纯的资源合作是没有任何意义的，资源方必须将优质的客户输送到售楼处，或者是为开发商提供直接接触客户的机会。

豪宅项目资源合作案例：

苏州桃花源样板房的资源合作

苏州桃花源项目没有设置专门的售楼处，而是利用某一间样板房作为接待处，除此之外，在项目初期，样板区完成之时还额外装修了两间样板房。其中一间样板房作为圈层会议及私宴场所，另外一间样板房是资源合作场所。

经过项目与市面上高端资源的接触，他们选择了某一家高端中式家具公司为合作对象，桃花源项目免费为他们提供一层大约200m²的家具展示厅，所展出的家具均为黄花梨材质，价值不菲；但是该家具公司必须每周为项目导客两组以上且客户必须身价过亿，与项目产品高度匹配。如果目标没有达成，项目有权让该家具公司撤场。

这样的合作模式并不少见，但是让资源方"背销售指标"却不常见，唯有这样的合作才能真正凸显出豪宅资源合作的价值。

（2）高端巡展

巡展也是豪宅渠道拓客的常规手法之一，但是很多渠道人员并不重视，主要是客群难以导入售楼处，对此，我们的建议是：

第一，巡展地点必须设置在城市内知名的五星级酒店内或知名的高端购物中心内，而且要调查该五星级酒店的入住客户层次和来自的城市，如果两者都匹配，该酒店不失为最佳巡展地点。

第二，仅仅靠几十平方米的巡展点是远远不够的，客户很难寻找到该展点，可以借助酒店的LED屏、导视牌、餐厅席卡等设置做适当推广，告知展点的具体位置。

第三，一般入住酒店或在购物中心逛街的客户很难找到时间去售楼处，可以针对在该城市逗留时间较长的客户做一些邀请动作，如邀请他们第二天晚上到样板房参加私宴，邀请他们及其合作伙伴到售楼处茶室品茗等。

（3）高端私宴

普通项目活动多，高端项目私宴多！

高端项目的私宴更加注重私密性和尊崇感，我们在本书的"心法十二"中已经阐述。

（4）转介与老带新

豪宅项目的"老带新"比例少则50%，多则90%，因此制定一份符合老客户心态及提升他们介绍兴趣的老带新政策是非常有必要的。高端客户并不在意"介绍费"的多少，他们希望得到的东西永远是"尊重感"，我们建议从以下八个方面为老客户塑造尊重感（如图10-7所示）：

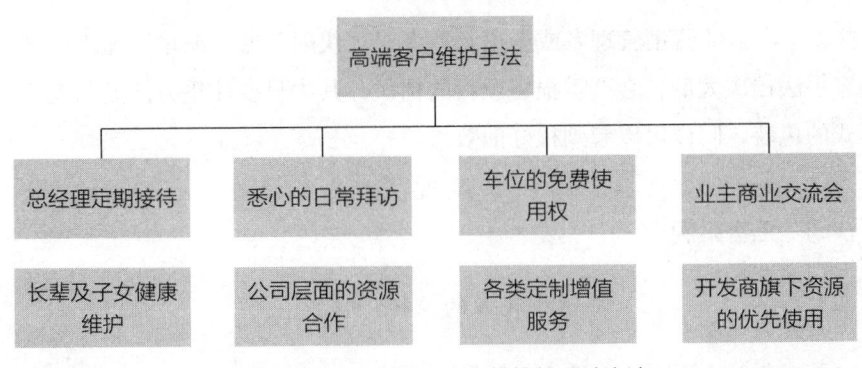

图10-7　高端项目老客户维护的八种方法

同样，对于转介人也同样要用心备至，他们可能是某个领域的领袖，虽然没有购买你的产品但是心存渴望，他们有很大的影响力去影响身边的人；他们可能是其他高端项目的销售人员，这个时候需要以相对诱惑的"转介费"为基础，让他们更加积极地帮助项目拓展有效客户。

（5）拜访

高端客户的拜访工作要比普通项目难度大得多、频率多得多，尽管方式方法几近相同，在这里我们还是要强调六点内容：

第一，拜访高端的客户的前提是得到对方的许可，并且已经知道了客户的兴趣点或抗拒点，陌生拜访在豪宅渠道中失败率很高。

第二，在拜访客户之前，必须制定详细的置业计划，并且将产品的详细楼书带给客户，毕竟豪宅首先卖的是体验感，其次卖的是产品，最后才是价格。

第三，拜访客户时最好对对方的情况有较为全面的了解，如对方的职业、企业规模、交际圈、兴趣爱好、家庭结构等，抓住客户的某一个或几个兴趣点，策划针对性的话题，并且将产品有机地结合到客户的兴趣点中。

第四，邀约客户及其朋友或者家人参加私宴是必需的步骤。

第五，豪宅客户比较看重开发商的信誉和品牌度，在拜访过程中除了要体现专业精神和职业精神之外，还要把近期企业开展的社会类活动、业主活动、媒体类活动等一系列有影响力的信息传递给客户，增强客户的来访兴趣和对企业的好感。

第六，为客户进入售楼处提供便利，如详细告知驾车路线、提前送一张车辆出入证等。

（6）其他手法

有些豪宅项目的营销管理者或渠道管理者对"快闪"或"派单"嗤之以鼻，认为这种拓客手法档次太低，会严重损害项目的档次，其中只要注重方法尤其是注意"快闪"形式的包装，同样可以起到很好的效果。

豪宅"快闪"拓客案例：

苏州桃花源的惊艳"快闪"

2015年五一期间，苏州众多市民惊喜地发现一群身穿青花瓷雅裙、手握巨形扇子

图10-8　身穿青花瓷裙子的美女们做"快闪"活动

的高挑美女出现在苏城各大景点门前，苏州博物馆、拙政园、山塘街、李公堤等地方都留下了她们美丽的倩影（见图10-8）。

据桃花源项目负责人介绍，作为苏州双湖板块唯一的岛居中式园林别墅，桃花源与拙政园、山塘街古色古香的苏州园林格调相仿，这可以凸显桃花源厚重的人文气息以及项目的绝对稀缺性。

此次"快闪"活动无论是人员装束，还是宣传道具，无论是地点选择，还是销售动作都是经过精心设计，吸睛无数，是豪宅项目"快闪"形式的典范。

心法二十五：
如何为商业项目导入更加精准的客户？

商业项目的渠道拓客方式非常有意思，它需要普通住宅项目常规的拓客手法，同时需要豪宅项目拓客过程中对客户的精准定位。因此，本节不再赘述商业项目的拓客手法，重点谈谈渠道拓客过程中的客群定位问题。

商业地产所涵盖的产品非常丰富，办公楼、酒店式公寓、街铺、产权式商铺、购物中心等是我们最常见的商业产品形态。由于早在2001年国家就已经明令禁止了对于未竣工商品房进行产权式分割销售的行为，再加上目前的购物中心大多属于开发自持物业，所以，市面上销售的商业产品以办公楼、酒店式公寓和街铺为主。它们具有如下特点（表10-1）：

商业项目的特点   表10-1

产品类型	产品细分	特点	销售难度
办公楼	整层办公楼	总价较高，投资门槛很高	★★★★★
	分割式办公楼	总价偏低，投资门槛较低	★★★★
酒店式公寓	普通投资型公寓	总价低，投资门槛较低	★★
	高端投资型公寓	总价略高，但投资门槛不高	★★★★
街铺	150m² 以下小街铺	总价较高，投资门槛较高	★★★
	面积大的街铺	总价很高，投资门槛很高	★★★★★

从上图我们可以发现，"整层办公楼"和"面积大的街铺"基本处于一个能级，"分割式办公楼"和"高端投资型公寓"基本处于一个能级，"普通投资型公寓"和"小面积街铺"基本处于一个能级（当然，这属于经验之谈，具体情况还要根据项目的具体位置和产品特征具体划分）。不同的能级对应的客群是不同的，采用的拓客手法也完全不同。

1. 整层办公楼和大面积街铺

（1）客群特征

该类产品具有总价高、投资门槛高的特点，一般的投资者很难企及，从某种意义上来说，其客群层次与顶级豪宅项目不相上下。根据经验，我们发现该类产品的客群最多分为三类：

第一类：大中型企业。尤其是在一二线城市，整层写字楼有90%的客户来自世界或国内知名企业，他们对产品的地段、配套、项目档次等硬件设施要求非常高；从行业来看，金融行业、大型制造业、房地产业、互联网等独占鳌头。

第二类：实业型私企老板。这样的客户在企业做到了相当大的规模之后，会将办公地点选在档次较高的写字楼里或是在沿街商铺中选择相对集中的办公区域和产品展示区域；除此之外，很多老板为发展其他产业的需要也会选择购买大面积商铺，如健康产业、娱乐产业等。

第三类：实力型投资客。这部分客户主要目标集中在商铺上，但是他们的眼光非常独到，一般会经过对区域和项目严格评估之后，直至确认可以租赁给品牌商家之后才会选择购买。

（2）拓客方向

对于如此高端且特别的客群，拓客方式几乎与豪宅项目无异，但还有五种有效的拓客手段不可忽视（图10-9）：

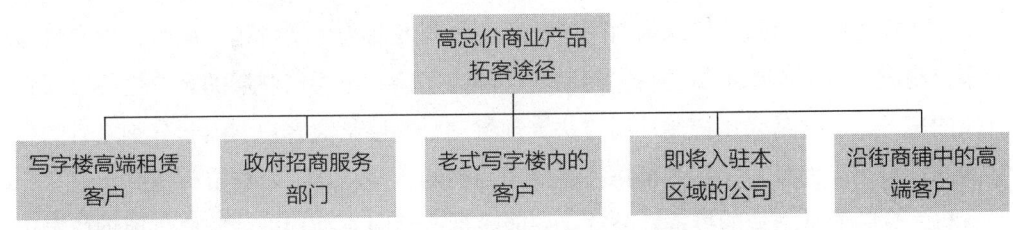

图10-9　高总价商业产品的渠道拓客途径

写字楼高端租赁客户

在住宅销售过程中，我们将客户分为刚需性、改善型、再改型等类别，其实这一划分标准同样适用于商业项目。拓客过程中，我们始终不要忘记客户的"重复购买性"，有些在别的写字楼项目中是租客，非常有可能转为购买，尤其是租期即将到期的情况下，有些实力雄厚的公司会考虑购买。

政府招商服务部门

政府的招商部门对大中型企业的动态了如指掌，哪家即将进驻本市或本区域市场，哪家需要租赁小公楼，哪家需要购买办公楼，哪家需要充足的空间展示产品等政府都会得到第一手资料。因此，我们在拓客时要加强与政府招商部门或企业服务部门的合作。

老式写字楼内的客户

随着企业的不断壮大和发展，老式写字楼的各方面条件无法满足某些企业，在此情况下，这些企业会谋求新的写字楼或大型商铺作为新的办公和经营地点。所以我们要对老式写字楼进行深入挖掘，尤其要关注租期将至和企业效益较好的两类企业。

即将入驻本区域的公司

在获知了某企业即将入驻本市或本区域之后，渠道人员理应第一时间赶往该企业目前的办公地，与行政人员联系，了解对方的办公和经营需求，为客户定制置业计划。如果在此基础之上，有政府相关部门的支持效果更佳。

沿街商铺中的高端客户

沿街商铺中的高端客户可能存在着扩大经营的愿景，尤其是对于跨区域的经营更能让他们心动。对于这部分客户，我们最佳的方式是首先采用陌拜的形式与其接触，初步了解他们的需求，然后再以资源合作的形式维护关系，最终促成销售。

2. 分割式办公楼和高端投资型公寓

写字楼的销售问题是目前国内的营销难题，开发商为了缓解销售压力，常常将写字楼分割成若干个面积不等的写字间销售，但为了购买半层或整层的客户也可以买到心仪的房子，经常是采用控制性销售法，预留部分整层给大客户。由于分割之后的写字间面积较小，而且写字楼的价格往往低于商铺的价格，所以其投资门槛并不高。

与之对应的是高端的投资性公寓，一般该种产品附有高标准精装修，地理位置优越，酒店式的服务、奢华的装修、智能的配套等成为高端人士租赁和居住的首选。

（1）客群特征

分割式写字楼的客群一般是两种：投资客和企业自用客。但凡投资写字楼的人群相对比较高端，但凡可以搬进分割式写字楼办公的企业，一般都是小型或中性企业，有些大型企业的办事处也会选择这种业态。

而高端投资型公寓就不一样了，他们购买公寓产品的动机除了投资之外，还会考虑到自住，尤其是一些对户口迁移没有要求、对学区没有要求的高端客户，甚至是外籍人士都会选择购买高端且生活便捷的投资型公寓。

（2）拓客方向

以上两种产品的客群体量并不小，所以我们在拓客过程中能利用的拓客手段都要利用，但是可以集中运用如下八种手法（图10-10）：

分割式写字楼在客群和整层写字楼的客群从

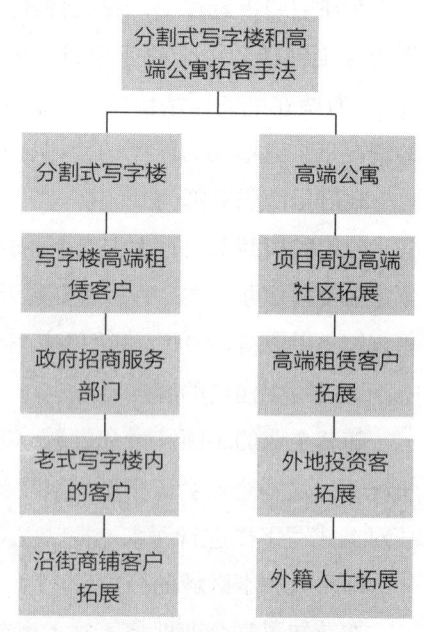

图10-10　分割式写字楼和高端公寓的拓客手法

渠道拓客维度是没有区别的，只是客户细分的程度不同而已，所以拓客手法几乎一致。

相比较而言，高端公寓的拓客手法要比写字楼多得多，高端人群在拥有了自己的居所之后，习惯性地在生活5km半径内寻找另外的不动产投资，因此，周边社区的拓展工作一定要大范围开启。另外，针对高端租赁客户、外地的投资客、外籍人士等对该产品和价格没有明显抗性的客群要深入挖掘。毕竟，公寓产品还有一个最大的优势：不限购、不限贷。

3. 普通投资型公寓和小面积街铺

普通投资型公寓在房地产调控常态化的今天充斥着每一个城市，它的装修标准没有高端公寓精细，有的甚至是毛坯交付，但它以面积小、总价低、不限购、不限贷等优势获得了大众投资者的青睐。

而小面积的街铺同样是投资者喜爱的产品，虽然总价比普通公寓要高，但由于产品稀缺，出租门槛低，且中国人有"买铺养老"、"买铺传代"的固有观念，所以其销售难度并不大。

（1）客群特征

普通投资型公寓的客群基数非常大，仅次于刚需住宅项目，只要客户手里有少量的闲钱即可出手购买，这就是我们所说的"大众投资客"；甚至在某些一二线城市，很多年纪尚轻的人将其当作第一居所。

小面积街铺的客群只有两种：投资客和自营客。由于投资门槛比较低，很多人在拥有了住房之后专情于此类产品的投资；有些自己愿意做些小生意的经营户出于"交房租不如还贷款"的思想也愿意购买此类产品。

（2）拓客方向

鉴于这两种产品的客户基数极大，因此，其拓客方式与刚需盘相似，尤其是普通投资型公寓更要按刚需盘的拓客思维去执行；小面积街铺的拓客方向与之略有差别（图10-11）：

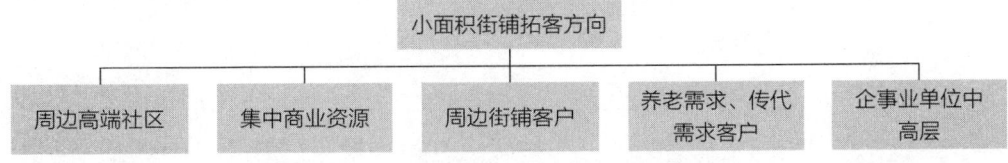

图10-11　小面积街铺的渠道拓客方向

上文我们谈到，购买小面积街铺的客户大多为投资客，我们还可以继续深挖客户的需求：从投资的角度来看，购买住宅的投资回报率和不动产增值率大多比街铺要高得多，那么他们为什么对小街铺情有独钟呢？其实他们中的80%以上的客户有养老和传代的思想，为自己和下一代寻求保障。所以我们在做小型街铺推广时，在强调其投资回报的同时，更要强调此产品的稳定增值性和传承性。

因此，在渠道拓客过程中，对于周边高端社区的挖掘，对于周边集中商业内的商家和街铺的零散自营客，都应该采用"派单+拜访+活动嫁接"的模式进行地毯式的开拓。同时我们发现，企事业单位的中高层在拥有多套房产后，势必会考虑资产的多元化和合理化的配置，那么小型街铺则是他们的首选。

渠道管控心法

房地产渠道营销是一件耗时、耗财、耗力的体系化工作，尤其是越来越多的房地产企业开始跨区域扩张，但每个项目各自为战，集团对渠道的管控力度微乎其微，导致资源的严重浪费，这是严重错误的！

渠道管控工作分为日常行为管控、过程管控和结果管控三大维度，而这三大维度都离不开后台专业的数据统计与分析，这也是渠道管理过程中最容易忽视的环节。

11

心法二十六：
如何通过资源分配、发挥个性等方式设计集团化渠道工作？

2015年和2016年被房地产业内称为"地王年"，各大开发商纷纷抢占一二线城市土地资源，开启全国化战略布局。土地市场的火热必然带来项目实际运营的各种问题，营销管理作为项目运营的核心工作逐渐被大家所重视，但是从这两年的营销管理转型效果来看，显然不尽如人意，尤其是渠道的集团化管理问题，没有得到足够的重视，导致各个项目出现了战术混乱、人浮于事、资源浪费、只有框架没有内容等现象。

也许大家会问：集团或区域公司将渠道管控下放到每个项目，这不能更好地发挥本土优势且根据项目量体裁衣吗？

这话只说对了一半，渠道营销固然需要根据项目特性设计个性化的渠道体系，但是一个体系之所以能够成为体系，甚至能够成为企业的特点和标签，是需要体制慢慢培育的，而体制的建设必须由集团或区域公司来完成。正如我们经常会发现从融创、碧桂园、恒大等体系跳槽出来的营销负责人很难适应新的企业环境，一味地复制之前的渠道模式注定是失败的，其根源就在于体制的不同，说白了就是企业性格和文化的不同。

那么，集团或区域公司在渠道管理过程中应该承担哪些具体的工作职能呢？我们认为应该以"深化管理、业绩优先、资源互享、提倡个性"十六字方针为基础，集团化的渠道工作至少需要从四个方面形成制度化（图11-1）：

| 塑造营销团队的职业性格 | 建立特有的渠道发展模式 | 建立招聘、激励、管控、考核四种制度 | 建立资源互享管理机制 |

图11-1 集团化渠道管控的四项工作

1. 塑造营销团队的职业性格

有人说做渠道工作的人一定要有"狼性","狼性"就应该是每一个渠道人的职业性格。以笔者之见,"狼性"指的是执行力,是一种锲而不舍的职业精神。这个精神固然重要,但随着中国房地产格局的变化,改善型产品的不断涌现,渠道营销的方式也在不断创新,仅仅用"狼性"来要求渠道团队显然不够全面。

近年来,以"狼性渠道"著称的融创都在不断提升管理水准,将个人信念、个人发展和团队荣辱紧密地结合在一起,形成了一支执行力强、自我驱动型的渠道战队,让业内为之叹服。所以,职业性格的塑造关键在于企业文化中人才理念的输出,只有发挥每一位渠道人员的主观能动性,才能在每个项目中大展拳脚,创造出适合项目发展的渠道模式,锻造出一支"来之能战、战则必胜"的新型渠道团队。

2. 建立特有的渠道发展模式

集团化的渠道作业必须有特有的渠道模式,正如恒大的人海战术、碧桂园的多级展厅战术、融创的机动化战术在中国房地产界"三足鼎立"。

模式并不是一蹴而就的,而是要根据团队素质、企业体制、销售目标等实际情况,并且通过多次实践创造出来的。模式并不是战略战术,而是工作方法和工作标准,只有将其标准化才能满足集团化作业的需要。

3. 建立人事、激励、管控、考核四种制度

渠道营销重激励、重管控、强考核,只有建立这样的体系,创造这样的土壤,每个项目的渠道团队在工作时才能"有法可依",不会导致束手束脚无法施展。

当然,对于集体或区域公司来说,不一定将每一种制度细化或精确,可以给地方公司或项目公司一个管控的区间范围,根据项目的特点和城市行情制定相对应的奖惩制度,这样才能做到"量体裁衣"。

4. 建立资源互享管理机制

"各自为战"是目前集团化渠道作业的通病,每个城市公司,甚至是每个项目之间互动都很少,这就造成了资源的浪费,暴露出管理者的能力缺陷。

作为集体管控层面、区域管控层面甚至是城市公司管控层面都应该建立起"人事资源互享、客户资源互享、商家资源互享、活动资源互享"四大管理机制,这样才能做到事半功倍。

城市公司渠道管控体系案例:

融创某城市公司渠道营销的六大管控体系

融创地产为了锻造狼性渠道团队,在集团营销制度的许可之下,某城市公司编制了渠道工作的六大管控体系:

1. 人员招聘和组建四大策略

(1)策划:必须有两年以上销售经验,对客户、产品、区域有深刻的了解。

(2)销售:竞品销售精英,对目标有强烈的达成欲、金钱欲,体育竞技爱好者优先考虑。

(3)销管:有强烈的责任心和荣誉感,有卓越的数据管控和分析能力。

(4)渠道:多元化行业搭配,有较强的资源整合和沟通能力(金融、政府、媒体、汽车、会议、保险、奢侈品人脉优先)。

2. 拓客团队底薪及提成奖金分配策略(略)

3. 精神物质激励七大策略

(1)将每周、月成绩排名公开,定期告知家人。

(2)分组竞争,每月小组排名第一的组长可以"兼并"排名最后的小组成员。

(3)重奖第一名,无论是组还是个人。

(4)每个项目每月销售冠军和家人一起与领导共进晚餐(家人异地报销差旅费)。

(5)销售冠军有资格参加项目重大决策会议,如定价、认筹、开盘方式等。

(6)半年度两次以上月度销冠有资格晋升销售管理岗位。

(7)年度营销精英享受购房优惠政策(与营销总监同等待遇)。

4. 严格四大监督督导制度

(1)销售:线索客户全周期管理。

(2)策划:展示形象全系统管理。

(3)渠道:信息点、传播点、拦截点巡查管理。

（4）客服：客户体验全接触点管理。

5. 拓客绩效三大考核制度

（1）电话拓客：转访量、转筹量、转签量。

（2）巡展拓客：进驻量、转访量、转筹量、转签量。

（3）圈层拓客：线下量、转访量、转签量、活动量、宣讲量。

6. 营销团队"七化"管控

（1）业务培训体系化/常态化。

（2）奖惩机制灵活化/差异化。

（3）隐形工作显性化/监督化。

（4）结果目标过程化/考核化。

（5）团队竞争分散化/白热化。

（6）制度管理标准化/军事化。

（7）情绪管理个性化/人性化。

在前文我们提到"资源互享"机制，但我们又同时倡导每个项目要发挥个性化优势，这一对"矛盾体"成为集团化渠道管控的难点和重点，我们认为要从三个方面来解决这一问题（图11-2）：

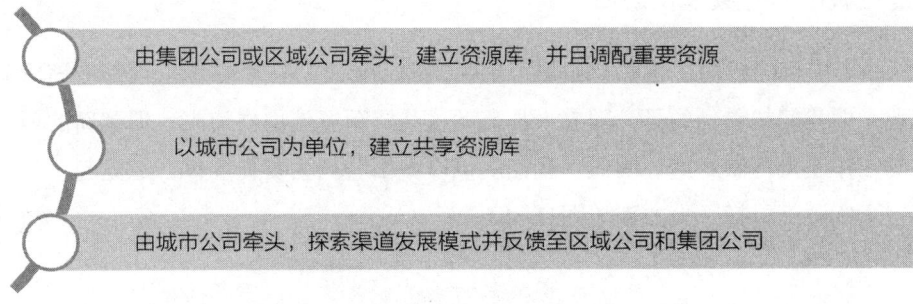

图11-2　建立"资源互享"和"发挥个性"渠道机制的三大动作

1. 建立集团性资源库并合理调配

很多房地产企业深耕中国数十年，在全国各地拥有庞大的软性和硬性资源，这对于渠道拓客工作会带来很大的便利性，至少对增加"拓客资源包"的厚重感是有很大

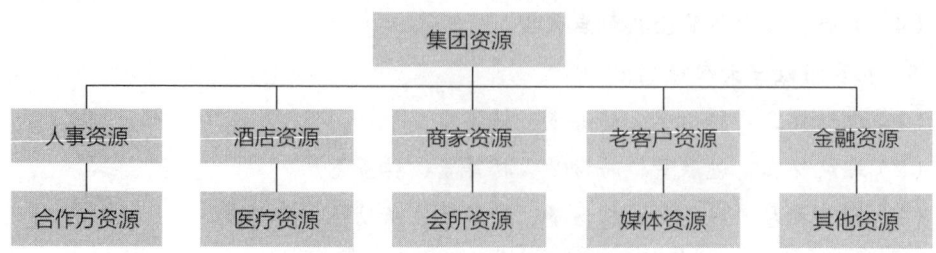

图11-3　集团资源库涵盖的内容

帮助的。集团资源库包括的内容非常多（图11-3）：

由于是集团层面的资源，所以在资源的调遣上需要得到高层领导的支持和许可，如某项目是投资型项目，需要动用全国性的老客户资源，这个时候就需要集团层面来解决这个问题。

另外，人事资源是渠道营销经常会遇到的资源。以恒大的"人海战术"为例，众所周知，恒大每个项目开盘前至少会运用300人组成的团队，但是不可能每个项目都临时招聘300人，这笔人事支出是非常庞大的。但是恒大可以利用集团优势，专门招聘和培养数百人的团队，在全国范围内任何项目有需要，这支团队即可赶赴"战场"，与当地渠道团队配合，驾轻就熟地开展工作，开盘胜利之后这支队伍再转战其他项目。

2. 建立城市公司共享资源库

每一个项目的成功运营都会积累很多优质的资源，每一个城市公司都应该珍惜这些资源，但我们却看到的是，随着人员流动这些资源竟然白白流失，遇到新的项目，之前的工作还得再做一遍。因此，我们应该以城市公司为责任主体，建立起共享资源库，这个资源库包括八大方面（图11-4）：

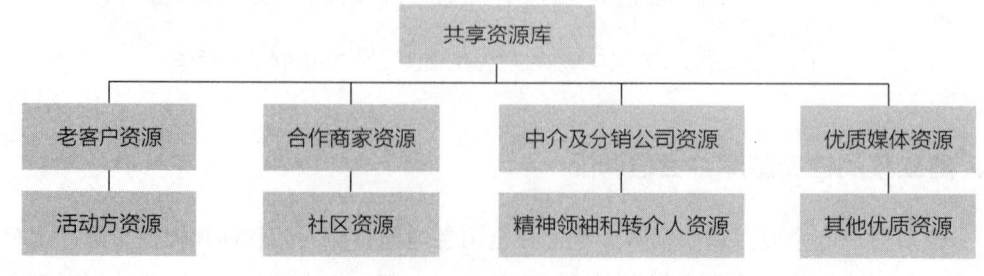

图11-4　城市公司共享资源库内的八大方面

上图中所列资源非常宝贵，必须以制度化进行管理。在管理过程中注意：第一，每种资源要有详细的明细，要有资源联系人、联系方式、资源优劣评价、客群分析等重要信息；第二，对于共享资源的使用，一定要本着"开拓者首先使用"的原则进行，否则就会出现分配不公、"后继者坐享其成"的现象；第三，共享资源要不断更新和维护，并且记录在案，"后继者"在使用前要亲自实地考察和更新。

3. 建立个性化的渠道发展模式并不断总结归纳

所有的模式都需要反复的实践和总结，城市公司对项目的营销工作担负第一责任，总经理应该鼓励每一个项目在渠道拓客中发挥主观能动性，以创新的精神开展工作。一旦某一个模式取得成功，一定要认真地分析与总结，上报到区域公司或集体公司，区域公司和集团公司也应该客观考察该模式的细节和利弊，并且推广到其他同类项目中去。长此以往，公司就会针对不同的项目和不同的产品类型都有一套标准化的渠道战术。

打造个性化渠道模式案例：

重庆万科 3.0 版创新渠道模式获行业认可

2014年底到2015年初，重庆万科为了发展的需要，决定打破传统的营销模式，像融创、金科一样将渠道营销进行体系化建设。但是，为了这一目标，万科走过了一个非常痛苦的时期。

第一阶段：

他们最初的想法是"减少管理成本"，就是不希望增加公司内部编制，希望把这个事情甩给别人，项目负责人不用承担责任，也就是采用外包渠道公司的方式，聘请大量渠道兼职人员拓客，渠道管理全部由渠道公司负责，万科只对结果负责。其结果是渠道公司导入的客户占整体来访客户的60%以上，遗憾的是成交比不足1%，单套房源的支出高达万元。

更加离谱的是这个"1.0版本"的渠道模式给万科的管理带来了巨大困扰，渠道公司为了完成开发商的导客指标，疯狂用"水客"充数，不仅给开发商带来了经济损失，还带来了内场销售人员资源的浪费。

第二阶段：

有了第一次失败的经验之后，万科决定效仿其他公司自行组建团队，出于对业绩和工作量的双重考量，他们的渠道团队人数高达100人。于是出现了100人街头派单，数十人驻守巡展点的现象，效果的确有提升：渠道成交占总成交的20%左右，但是单套成交费用依然接近万元。

渠道管理者发现"2.0版本"的渠道模式虽然有效，但是人浮于事的现象尤其严重，100个人的团队真正做事的不超过20人，这是费效比过高的主要原因。

第三阶段：

万科渠道管理层认真审视了前两次的失败，创造了"3.0版本"的渠道模式，其核心内容有三点：

（1）精简渠道编制，优化渠道层级，每个项目只设置10人编制，实行扁平化管理；

（2）资源合理优化，以目标为导向，降低无效人力费用，建立兼职体系；

（3）优化渠道考核制度，以销售目标和费效比作为双重指标。

调整之后的重庆万科城市公司渠道部组织架构非常简单（图11-5）：

需要说明的是：第一，电话中心和大客户部属于城市公司直接负责，旨在销售公司的高端物业；第二，各项目渠道主管只有1名，每人最多带10名专员，他们分别负责派单、巡展、团购、资源导入等工作，如果需要人员配合，可以招聘兼职人员。

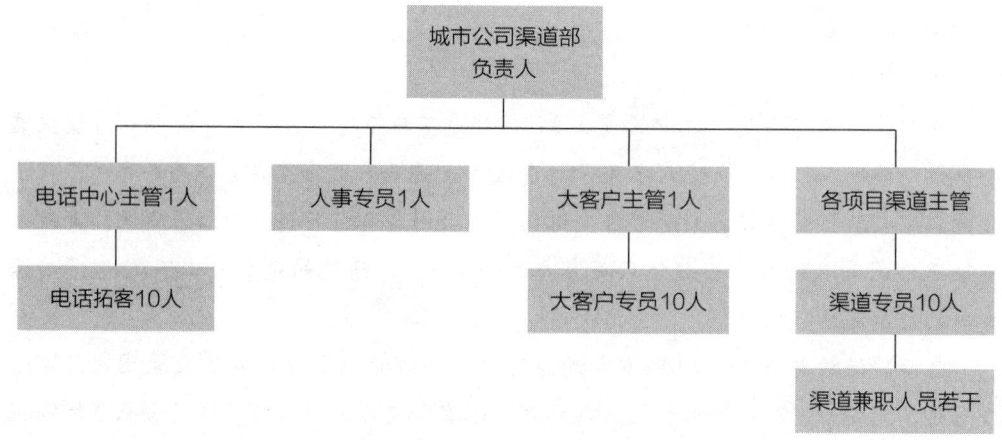

图11-5　万科3.0版本渠道模式下的扁平化组织架构

看似极其简单的组织架构，却蕴含着渠道管理人员的大智慧，他们通过一系列的"内控管理制度"，让这支团队产生了巨大的战斗力，具体工作有：

（1）树体系、搭流程、建标准

万科重庆公司首先颁布了《重庆公司渠道制度管理办法》，对人员职责资格要求、计划费用审批、客户来访判断流程、渠道人员红线管理、薪资发放、淘汰机制做出了明确说明。

明确了计划申报的流程、费用结算流程，同时明确了关于渠道人员入职和离职的规范性流程。

制定标准版的计划总结模板和操作手册，让新人可以即刻上手，每周总结，交叉分析，调整思路。

（2）制定考核体系

通过关键指标（业绩和费效比）为考核基础，重点指标、基础指标为横向考核标准，完善对渠道的考核制度，提升项目渠道任职要求。考核标准（如图11-6所示）：

（3）制定兼职方案

制定兼职方案的目的是减少无效人力的浪费，最大化降低无效人力成本，提高人均效能。万科采取的办法是：兼职人员的费用由公司、专员、渠道主管以7∶2∶1（后期改为5∶4∶1）的比例共同承担。

在公司或项目重大营销节点时，需要大量的兼职人员配合，兼职人员的费用全部由公司承担；除此之外，如果渠道部要想使用兼职人员必须按照上述比例支付兼职费用。

针对这一方式，万科渠道总监游泳说道：我们的目的是希望他（渠道专员和主

关键指标（60%）	日常工作（25%）	后台工作（15%）
• 业绩指标（40%）：以项目经理颁布的任务为基准 • 费用指标（20%）：原则上不能超过1%	• 考核标准：团队管理、渠道创新、计划管理等	• 考核标准：提报资料的准确性、提交后台资料的实效性、薪资费用测算及时准确、积极参与后台组织的会议和活动

图11-6 重庆万科渠道部的考核体系

管）能够有所担当，我们要告诉他，这个人是你招的，不是我们万科招的。既然是你招的，你要负责管理他，要他每天的工作有保障，不然的话你花的钱是不值得的。我们要让他有这种意识，有这种意识以后，其实我们并没有把这个钱克扣，我们反向把这部分兼职的钱最终还是会做到激励上面，如果业绩完成的好其实这部分钱会返回他。但是另一个角度来看，这可以培养员工的主观能动性，肩负起管理责任。

（4）规划合理晋升通道，减少人员流失

渠道主管晋升办法：入职满一年的各项目渠道主管，每半年由渠道组根据业绩和营销费率进行排名，分别设置高级、初级、中级渠道主管。

渠道专员晋升办法：入职满一年且连续三个月荣获渠道销冠的员工，每年6月、12月渠道组将组织该部分员工进行统一竞聘，竞聘流程分为初试、复试、终试三个环节。满足且通过内部竞聘条件的员工可提拔为实习渠道主管（实习期三个月），通过实习期的可正式转为项目渠道主管。

经过以上的改革，重庆万科取得了双丰收：项目销售金额远超既定目标，渠道占比提升到30%~40%，全年费效比只有0.78%，比改革之前下降了20%，人均效能提升了78%。

不得不说，重庆万科在渠道管控的模式创新上，缔造了新的形式，为业内提供了新的思路和方向，这就是城市公司发挥个性化渠道模式的成功案例！

心法二十七：
如何通过数据分析及时有效地为拓客工作指导方向？

为了更加有效地监督渠道人员的各种拓客行为，同时做好数据收集与分析工作，很多公司设置了"渠道助理"这个角色，或者称为"数据专员"和"渠道督导"。但大部分公司对这个岗位的定位非常狭隘，主要工作就是统计简单的数据，然后每天、每周、每月上报领导即可。

其实，渠道助理的工作职能远远不止这些，他们的工作若是掌握了正确的方法是

掌握客户地图	把握渠道增长趋势	洞察渠道效果
• 客户区域动态观察 • 客户地图与实际成交客户的吻合性	• 渠道总体趋势 • 渠道每组、每人的导客及成交情况	• 渠道导客能力 • 渠道导入客户的转化能力
预警渠道风险管控	掌控渠道客储动态	监控渠道费效排行
• 截客风险预警 • "飞单"风险预警	• 客储转化率 • 渠道的客储量	• 渠道费用支出情况 • 费效比排行榜

图11-7　渠道助理的六大模块工作

可以为渠道拓客带来方向性的指引的。我们认为，渠道助理至少可以从六个方面为渠道工作保驾护航（图11-7）：

1. 掌握客户地图

客户地图是渠道拓客工作的纲领性文件，随时随地在指导着拓客的方向，而且它一直处于动态调整中，需要渠道助理每天对它进行更新和完善，防止拓客资源的浪费。

（1）需要掌握的数据

日常类数据：每日渠道人员拓客区域明细（同时记录拓客动作、拓客时间、客户实际到访时间、客户实际成交）。

成效类数据：来访客户生活地点、来访客户工作地点、成交客户生活地点、成交客户工作地点。

数据来源：《渠道日报》、《来访客户登记卡》或《渠道客户登记表》。

（2）工作步骤

第一步，渠道助理将上述数据逐一录入表格。

第二步，渠道助理在地图上标注渠道人员每天的拓客轨迹，形成一张"拓客地图"。

第三步，渠道助理根据来访客户生活地点、来访客户工作地点、成交客户生活地点、成交客户工作地点分别标注在四张地图上，形成四张"客户地图"。

第四步，渠道助理每周或每月将上述数据汇总，将四张客户地图与拓客地图进行比对，如果来访客户或成交客户与拓客地图相匹配，那么说明拓客方向是正确的；如果不匹配，首先不要武断否定拓客方向，而是要具体查看渠道人员在该区域的拓客动作有哪些，是否有缺失的地方，这时可以向管理层发出预警，要么强化该区域的拓客密度，要么放弃该区域的拓客工作。

第五步，不断比对渠道部的"拓客地图"，从成交数据来分析某区域的客户实际成交量和拓客前预估的市场容量是否匹配，如果成交量明显不足，建议渠道部继续加强对该区域的拓展工作。

第六步，根据实际来访情况和实际成交情况，不断修正拓客地图和客户地图。

2. 把握渠道增长趋势

（1）需要掌握的数据

成效类数据：渠道部每天、每周、每月的导客及成交情况，每个小组每天、每周、每月的导客及成交情况，每一位渠道人员每天、每周、每月的导客及成交情况，每一位来访或成交客户的渠道来源。

对应的细分数据：每一天渠道小组、渠道人员的拓客动作是什么（派单、团购、巡展、资源嫁接等）。

数据来源：《渠道日报》、《渠道客户登记表》、《成交客户登记表》。

（2）工作步骤

第一步，渠道助理以天为单位，将每人、每组导客情况、成交情况进行整理、排名并公布。

第二步，渠道助理以周和月为单位，将每人、每组导客情况、成交情况进行整理、排名并公布，同时将每周或每月的数据形成柱状或线性趋势图；另外，要时刻分析渠道部整体的成交比例。

第三步，如果出现下降趋势，必须向管理层提出预警，比对近期拓客动作和拓客区域，找出是否为拓客力度、拓客方向出现了问题；如果出现较为明显的上升趋势，必须找到渠道部负责人，询问渠道业绩上升的原因，并对正确的拓客方向提出深化建议。

第四步，每周、每月关注成交客户的"渠道来源"，不要轻易否定占比较低的渠道动作，要向渠道负责人和拓客专员了解当初行动方案的初衷。

3. 洞察渠道效果

（1）需要掌握的数据

成效类数据：每天、每周、每月的报备情况、导客情况和成交情况，同时计算来访比和成交转化比（要以部门、渠道小组、每个拓客专员为单位分别采集数据和分析）。

渠道动作对应数据：成交客户的"渠道来源"。

数据来源：渠道日报、成交日报、成交周报、成交月报、《渠道客户登记表》。

（2）工作步骤

第一步，以周、月为单位，汇总报备数量、导客数量和成交数量，计算来访比和成交转化比。

第二步，对于来访比和成交转化比较低的情况及时提出预警，比对渠道的拓客动作、拓客方向，找出具体原因，到底是渠道拓客哪个环节出了问题，又或是销售内场置业顾问出了问题。

第三步，以"渠道来源"为依据，总结分析成交客户的具体渠道来源，对于有效果的拓客手法及时公布，对于没有明显产出的拓客手法或方式提出预警，上报管理层。

4. 预警渠道风险管控

渠道风险主要有两大方面：截客风险和"飞单"风险。截客风险主要来源于中介公司或分销公司，有时转介人也会带来截客风险；"飞单"风险主要来自销售内场的置业顾问与中介公司、分销公司或转介人暗中勾结，将"自然来访"客户更换为中介客户或转介客户，从而获取利益；或是渠道拓客人员将自主导入的客户或资源导入的客户更换为中介客户或转介客户，这都会给公司带来经济损失。

（1）需要掌握的数据

中介（分销公司、转介人）的报备时间、客户实际来访时间。

渠道拓客人员的报备时间、客户实际来访时间。

数据来源：《渠道客户登记表》、《渠道客户确认表》（详见"心法二"）。

（2）工作步骤

第一步，渠道助理不定期进行场外巡视，严禁中介公司、分销公司或其他非本公司人员在售楼处外围拦截客户。

第二步，对于每一位通过渠道拓客来访的客户进行"三确认"，第一要确认报备时间和实际来访时间，报备时间必须至少比来访时间提前30分钟；第二要确认客户是否第一次来访，来访途径是什么，如果客户在报备之前来访过，不能算做中介客户或转介客户；第三要确认客户来访是否有中介人员或分销人员的带看。

第三步，对于转介客户，首先要按照报备时间和客户来访时间进行反复确认，然后在结算"转介费"之前，最好有抽查动作。

5. 掌握渠道客储动态

（1）需要掌握的数据

常规数据：渠道每日、每周、每月拓客数量（必须被销售内场评定为"C"级及以上）、已经成交的客户数据、未成交的客户数据。

深度数据：客户未成交原因。

数据来源：渠道日报、来访客户登记表。

（2）工作步骤

第一步，渠道助理每天要更新拓客数据，并且计算出客户来访日到更新数据当天的具体时间。

第二步，每天计算出成交客户占总拓客数量的比例，即"客储转化率"，并且将数据公布，上报管理层。

第三步，每天计算渠道的剩余客储量，并且把数据通报给渠道负责人和各渠道小组负责人，连同他们和置业顾问开会分析客户未成交原因，预测出在未来几天内可能成交的客户明细，上报管理层。

第四步，对于客储量不足的情况，要及时提出预警，要求渠道部增强拓客力度，确保来访客群量。

6. 监控渠道费效排行

（1）需要掌握的数据

以渠道部门为单位或渠道小组为单位，获取每一个周期的渠道费用支出，包括人员工资、提成、奖金、物料费用、中介费、转介费、巡展费、招待费、圈层活动费、"小蜜蜂"兼职费和其他管理费，以实际发放的金额为准。

数据来源：人力资源部、策划部、渠道后台。

（2）工作步骤

第一步，每月（或根据每一个销售周期）列出渠道部费用清单，如果每个渠道小组职能不同，要根据每个小组为单位进行费用细分。

第二步，列出该月或该销售周期内客户的实际成交量（一般按金额计算），与支出的费用进行比对，形成"费效比"，将渠道部费效比和每个渠道小组的费效比进行排名、公布，同时上报管理层。

第三步，计算出渠道部整体的"人均效能"和每个渠道小组的"人均效能"，同样要进行排名和公布，上报管理层。

第四步，对于费效比过高的行为和"人均效能"过低的情况，要探明情况，将具体情况写清楚，上报管理层决策；对于超出费效比红线的行为要及时发出预警，杜绝类似的情况再度出现。

从以上六大模块的工作我们发现，渠道助理的工作量是极其巨大的，而且非常重要，不仅起到数据统计和分析作用，对渠道的拓客方向、拓客手法、费用管控都能起到指导和监督作用，如果没有这样的管理职能，渠道工作就会走上"只顾抬头不顾脚下"的歧途。

由于工作量巨大，如果运用传统方法势必事倍功半，目前国内优秀的软件开发公司针对房地产渠道的过程管控和结果管控都进行了系统的研究和开发，而且技术也很成熟了，凡是将渠道体系化的房地产企业应该运用现代化移动互联网工具，将这一管控工作做到极致！

后 记
POSTSCRIPT

写完这本书的时候是2017年6月9日凌晨2：58，我踱步到窗前，看着远方稀疏的灯光，听着清脆的蛙声，不但没有如释重负的愉悦，反而陷入了如履薄冰的心境……

转眼间，我与房地产行业结伴同行了14年，这14年跌宕起伏、危机不断、瞬息万变的市场不断考验我的承受底线，而倔强的我，似乎从来没有放弃过！

经历了2015年和2016年的火热楼市，市场即刻将我们打入"冰窟"，我时常在想：这到底是一个怎样的时代？天下之大，我们究竟何以自处？

1831年8月29日，法国物理学家法拉第发现了电磁感应现象，从此世界发生了翻天覆地的变化；1983年，美国国防部将阿帕网分为军网和民网，渐渐扩大为今天的互联网，它再次改变了世界，改变了我们的生活方式……现如今，移动互联网、基因技术、智能技术等发展迅猛，相信在未来的10年内会极大地影响着世界格局！

那么，在房地产领域默默耕耘的我们，应该以怎样的心态面对高速改变中的世界呢？

电影《中国合伙人》中有一段台词说得好："一开始我们以为可以改变世界，跌打滚爬之后才明白，我们改变不了世界，是世界改变了我们。在历经岁月之后，希望即使改变不了世界，但也不要被世界改变。"

房地产营销是万千世界中尘埃般的存在，我们在改变中努力改变，在努力中求变求新，在趋势中迎头直上，在失败中痛苦总结，这是对世界最好的馈赠。同样，这才是真正度过了属于自己的人生，因为能够继续做自己，已经不容易，能够做自己喜欢的事，我们且做且感恩。

也许，这就是工作的根本意义，也是生活的真正意义！

正如这本书的诞生，它没有担负起改变房地产渠道营销模式的重担，但至少它可以为我们提供多一些思路，让我们的渠道工作多一种解决办法。

可贵淡泊人生，难得回归初心。

我们偶尔会让这个世界变得更好，但是用尽全身的气力在阻止世界变得更坏！